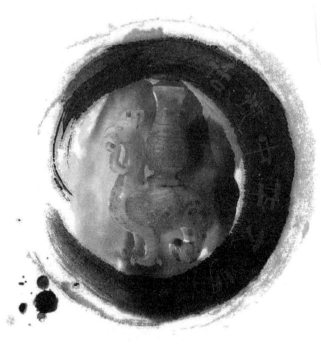

李学勤

罗哲文　俞伟超

曾宪通　彭卿云

大清衰弱时期

李　默／主编

中华文明是人类历史上最伟大的文明之一，是人类文明发展的主要构成。中华文明丰富、深刻、辉煌、博大，在人类文明中的骨干作用和领导作用为人所共知。在人类文明的发源时期，中华文明就是四大古文明之一，是地球上文化的策源地之一。

广东旅游出版社
GUANGDONG TRAVEL & TOURISM PRESS
悦读书·悦旅行·悦享人生

中国·广州

图书在版编目（CIP）数据

大清衰弱时期/李默主编．— 广州：广东旅游出
版社，2013.1（2024.8 重印）
ISBN 978-7-80766-455-0

Ⅰ.①大… Ⅱ.①李… Ⅲ.①中国历史—清代—通俗
读物 Ⅳ.① K249.09

中国版本图书馆 CIP 数据核字 (2012) 第 296858 号

出 版 人：刘志松
总 策 划：李　默
责任编辑：张晶晶　梁诗淇
装帧设计：盛世书香工作室　腾飞文化
责任校对：李瑞苑
责任技编：冼志良

大清衰弱时期
DA QING SHUAI RUO SHI QI

广东旅游出版社出版发行
（广东省广州市荔湾区沙面北街 71 号首、二层）
邮编：510130
电话：020-87347732（总编室）020-87348887（销售热线）
投稿邮箱：2026542779@qq.com
印刷：三河市嵩川印刷有限公司
　　　（河北省廊坊市三河市杨庄镇肖庄子村）
开本：650×920mm　16 开
字数：105 千字
印张：10
版次：2013 年 1 月第 1 版
印次：2024 年 8 月第 3 次印刷
定价：45.80 元

THE **CHINESE** CIVILIZATION
中华文明

出版者识

　　《话说中华文明》是一部全景式图文并茂记录中国文明历史的大书。出版者穷数年之力，会集各方力量——专家、学者、编辑、学术顾问们，在浩如烟海的历史档案、资料、著作中，探珍问宝，追寻中华文明在悠悠历史长河中的灿烂之光。此书的出版，凝聚了编撰者的心血，学术顾问们的智慧。尤其是李学勤先生，亲自动笔写下了序言，更增加了本书沉甸甸的分量。

　　中华文明的历史充满了辉煌与苦难，成就和挫折。它的历史无处不在，决定着我们中国人今天的思想和感情。当今的中国和中国人是中华文明的历史造就的，是中华文明的历史的延伸，也是它的一个组成部分，中华文明的历史之河奔流到现在。

　　中华文明是人类历史上最伟大的文明之一，是人类文明发展的主要构成。中华文明丰富、深刻、辉煌、博大，在人类文明中的骨干作用和领导作用人所共知。在人类文明的发源时期，中国就是四大古国之一，是地球上文化的策源地之一。在人类文明的早期，中华文明成为文明在东方的支柱，公元前后200年间，人类的汉帝国与罗马帝国这两只铁手攫住了地球。在欧洲进入中世纪的时候，中华文明更成为人类文明最主要的领导，它的文明统治东亚，传遍世界。进入近代，中华文明处于自身的重压和西方的欺凌下，但中国人民的斗争史和奋起精神是人类文明历史中不可缺少的一页。

　　五千年的中华文明为人类贡献出了从思想家孔子到科学技术的四大发明、从唐诗宋词到长城运河的伟大创造，贡献出了从诸子百家到宋明理学，从商周铜器到明清文学的深刻内涵，也贡献出了从五霸七强到三国纷争、从文景之治到十大武功的辉煌历史。中华文明的历史绚烂多彩，在人类文明的历史长河中永放光芒。

　　中华文明也是人类历史上最独特的文明，没有哪一个文明像中华文明这样持久，这样统一一致。世界上其他文明不但互相交错，其创造者也都与高加索体质的人种有关，它们是姐妹文明。在人类历史中，只有中华文明才是独特的，它的创造者是中国土地上的中国人民，与其他任何地方的人民都没有关系，它的文化是统一一致的文化，可以不依赖于其他任何文明而生存，但中华文明也绝不是封闭的，它接受他人的文化，也承担自己对于人类的责任。

　　人类进入新世纪，中国的社会经济发展令世人瞩目。人们对于世界未来的政治和经济结构的估计无不以东亚和太平洋为中心，而尤以中国为重点。

　　经济起飞只是当代中国的一个方面，中国的精神文明的建设尤为刻不容缓。如果中国要自觉地发展中华文明，要有意识地使中国的发展具有世界意义，就必须发展强有力的精神文化，这样才能使中华文明的发展进入一个新的阶段，才能形成中国和中华文明的全面现代化。

而中国的精神文化的发展植根于中华文明的伟大传统之中。进入近代之后，在西方文化的冲击下，对于中国文化的价值产生大量的情绪化和激烈冲突的论调。"五四"运动打倒孔家店的口号具有冲破封建束缚的时代意义，对中国文化的发展有不容否认的正面意义，与文化虚无主义是完全不同的。文化虚无主义者否定中国传统文化，在现代化的旗帜下主张全盘西化；而复古主义则沉迷于中国文化的古董，走进反进步、反科学的泥潭。

历史的发展则超越了所有这些论点，产生这些论调的一百多年来的中国近代史已经结束。历史要求中国发展，要求中国走在全世界发展的前列。西化论和复古论都已过时，历史已经要求世界超越西方，中国可以承担起世界的命运，而中国的现实和世界的历史都说明，中国的使命在于它的发展前进，而非倒退。

中华文明走出迷惘的时代，我们这一代处在一个伟大而具有挑战的历史阶段。

总结历史、展望未来，这就是《话说中华文明》的意义和使命。我们创作《话说中华文明》，力求总结和回顾中华文明的全貌，在内容和形式上都开创一个新的局面。在内容结构上，既具有一定的深度，又具有相当的广博性，既有严谨、准确的学术价值，又有活泼、流畅的可读性。我们在本丛书内容纳了中华文明的各个方面，使它综合了大规模学术著作的系统性、严密性和普及读物的全面性、简易性，它既可作为大型工具书检索中华文明的各个成分，又可作为通俗的读物进行浏览。

我们从上世纪90年代初起就开始思考中华文明的历史和现实问题，并逐渐形成了编著《话说中华文明》的设想。在开展这项庞大的文化工程之始，我们就聘请了国内权威学者李学勤、罗哲文、俞伟超、曾宪通、彭卿云诸先生担任学术顾问，他们对计划作了充分讨论，并审阅了大量初稿。我们聘请了广州、香港地区的社会科学学者、大学教师、研究生以及我社编辑人员几十人担任稿件的撰写工作。

通过创作这部书，我们深深地感受到了中华文明的博大精深，也感受到了它的内在缺陷。中华文明具有辉煌的时期，也有苦难的年代，有它灿烂的成就，也有其不足的方面。中华文明在自身中能够吸取充分的经验和教训，就能够使自身健康壮大，成长发展。

通过创作这部书，我们也深深感受到了出版事业的使命和重任。我们希望这部书能受到广大读者的喜爱，起到它所应当起的作用。为中华文明的反省、前进和奋起作一点贡献。

目 录

大清衰弱时期

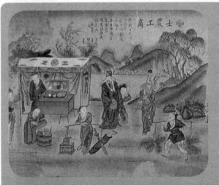

大
清
衰
弱
时
期

清朝

THE CHINESE CIVILIZATION

景德镇成为清宫廷陶瓷生产中心

康熙年间的五彩龙凤纹盖罐

雍正年间的斗彩花卉纹双耳扁瓶

清政府众多的御窑厂中，以景德镇御窑规模最大，清宫廷所使用的瓷器大多来自景德镇，集中体现了清代陶瓷工艺水平。因此景德镇实际上已成为清代宫廷陶瓷生产中心。

清代景德镇陶瓷工艺水平在明代的基础上又有了进一步的发展，不仅造型品种有所增加，而且在烧制技术上有所改进，有所创新，主要成就表现在釉上彩、单色釉、青花等瓷器的生产上。

釉上彩是在烧成的陶瓷上进行敷色彩绘，然后置于窑中低温烧烤而成的一种瓷器。中国釉上彩始于宋代红绿彩。清代轴上彩除了继承发展明代的五彩、斗彩、单彩、素三彩之外，还创烧出了新的轴上彩——粉彩。

清代五彩陶瓷色彩种类有所增加，以康熙时的最精彩，又称"古彩"或"硬彩"。所谓"古彩"是指继承明代传统技法而言，其画风古朴刚劲，豪放浑厚。所谓"硬彩"，是相对于雍正时烧制的粉彩而言，因其敷色单纯浓重，烧成后色彩晶莹明亮，有一种坚硬的感觉。

斗彩是指在釉下青花轮廓内填釉上

彩，使釉上、釉下相斗。清代斗彩瓷器比明斗彩色彩更丰富，康熙时在青花轮廓里填五彩，雍正时填粉彩，乾隆时还能分出深浅层次，且多为图案化处理。在装饰题材风格上，明斗彩多画人物花鸟，用笔潇洒、清淡典雅，而清斗彩多画花草、吉祥图案，色彩浓厚富丽，描绘精致。

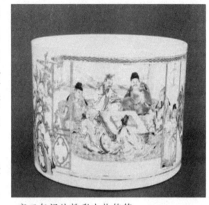

雍正年间的粉彩人物笔筒

粉彩的出现是瓷绘画法上的一大进步。粉彩，也叫珐琅彩，又叫瓷胎画珐琅，因在瓷胎上摹仿当时新兴的铜胎画珐琅而得名。其制作程序是先在素烧瓷胎上用一种不透明的玻璃粉打底，再在白粉上涂色渲染，而后再用双勾画法勾勒缠枝花草纹样，染出明暗浓淡。由于这层白粉的衬托，烧成后的彩绘不像五彩那样浓艳强烈，而给人一种柔和淡雅的感觉，故也有"软彩"之称。雍正以后，粉彩的烧制更加成熟、普遍，并开始代替五彩，成为清代釉上彩的一个重要品种。

乾隆年间的黄地粉彩龙凤纹印盒

清代单色瓷器生产技术在明代基础上继续发展，除了原来明代已有的原色釉外，又创造出多种中性间色釉，大大丰富了中国陶瓷生产中的颜色釉。

青花瓷器在清代陶瓷生产中继续保持主流地位，制作技术又有所改进，尤以康熙朝青花最有特色。它采用云南的珠明料烧制，彩绘用色更为成熟细致，有深浅变化，层次丰富，色调鲜蓝青翠而不火气，明艳清朗而不俗气。后雍正、乾隆宫廷青花多不如康熙朝青花。

景德镇陶瓷以御窑厂为制瓷中心，御窑厂的工艺技术、艺术风格对景德镇民窑及全国的陶瓷制作均有较大影响。

清　朝

1644 ～ 1911A.D.

杨柳青年画行销北方

晚清天津杨柳青年画《双美图》

杨柳青镇位于天津城西,古称"柳口",地处运河、子牙河、大清河沿岸,水陆交通便利,市肆林立。这里是北方木版年画的重要发源地。

杨柳青年画始创于明代,最早的画铺有戴廉增和齐健隆两家,后来逐渐发展扩大为廉增、美丽、廉增丽、健隆、患隆、健惠隆六家,甚至扩展到北京、绥远等地。较大的作坊,一家能有50多个画案,200多名工人,每年印制年画100万张以上。至清代中晚期,杨柳青及其周围30多个村庄都从事年画的生产,以至于"家家都会点染,户户皆善丹青";产品行销北方各省以及东北、内蒙古、新疆等地,成为北方年画的主要产地。

杨柳青年画题材范围较广,包括风俗、历史故事、戏曲人物、财神、娃娃、美人、花卉、山水、神码、楼阁、走兽、博古以及十样锦、吉祥富贵图样等,其中大多数题材都是北方人民所喜闻乐见的,这是杨柳青年画之所以大受欢迎的主要原因之一。

杨柳青年画制作精细,分画、刻、印、描,开脸等多种工序,以线刻单色版加人工刷色为制作特征,其风格受北方版画和清代院体画的影响;用线精细纤巧,柔丽妩媚,用色追求沉着协调而色彩秾丽的强烈对比效果,与清代丝织刺绣等的用色有一定联系。

因时尚的变迁,杨柳青年画在题材与风格方面在不同时期各有变化。清

清初天津杨柳青年画《竹报平安》

代乾隆、嘉庆年间，是杨柳青年画最兴盛的时期，由于社会安定、经济繁荣，年画题材以历史、戏曲题材为主，场面热闹，绘制细致，设色雅丽。鸦片战争后，国势渐衰，国难危殆，社会思想动荡活跃，除了表现民众美好理想的题材，如发财致富、五谷丰登、山河壮美、除暴安良等以外，反映时事的作品不断出现。如讥讽慈禧的《回銮图》、赞扬人民起来反抗的《京师女子学堂》，还有表现中国人民反帝斗争的年画，如反映1870年天津教案的《火烧望海楼》等。太平军进驻天津时期，杨柳青年画则以花鸟山水为题，绘制清隽。清末，上海画家钱慧安来杨柳青绘稿，初期追求文雅，多拟典故与前人诗句，赋彩淡匀，代表了文人画题材、作风，后期渐转向世俗化。钱氏对杨柳青年画改进产生了一定影响。清代末年，杨柳青年画尚有一定规模，但已日趋衰落。

杨柳青年画行销于北方各省，其线刻精工细腻，染色强烈，鲜丽的风格对河北武强年画、山东杨家埠、高密及陕西凤翔等地的年画创作产生了极大的影响。

因声求义方法成熟

清以前的训诂考据学者大都不大明白语音为字形和语义的中介、语言在本质上依赖于语音的道理，往往只重视文字的形体，而忽略对语音的研究。

大清衰弱时期

元初的戴侗曾提出过根据声音以探求词义的主张；明末清初的黄生更是明确提出了"因声以知意"、"古音近通用"、"一音之转"等因声求义的训诂原则。但他们没有进一步探究音义之间的关系，而且由于上古音系统还没有正式确立，他们也就无法将所发现的理论有效地运用于训诂实践。

因此，训诂学界"这种重形不重音观点，控制着一千七百年的中国文字学，直到段玉裁、王念孙，才冲破了这个"藩篱"（王力《中国语言学史》）。段、王都是戴震的学生，接受了他在音义关系上的主张，如"疑于义者，以声求之；疑于声者，以义正之"，"而字学、训诂、声音，未始相离，声与音又经纬衡从宜辨"，是贯穿文字、训诂的主线等。然后，他们又各自提出了更完善的音义关系理论。

段玉裁认为"圣人之制字，有义而后有音，有音而后有形；学者之考字，因形而得其音，因音以得其义"，"治经莫重于得义，得义莫切于得音"（《广雅疏证·序》），而且在实际运用中多限于根据谐声偏旁来说明词义。王念孙则更进一步，提出"训诂之旨，本于声音。故有声同字异，声近义同，虽或类聚群分，实亦同条共贯……今则就古音以求古义，引伸触类，不限形体"等主张，并在实践中全部采用不限形体、于声得义的表达方式。可见到王念孙时，因声求义法已完全摆脱了字形束缚，达到直接由字音探求字义的成熟地步。

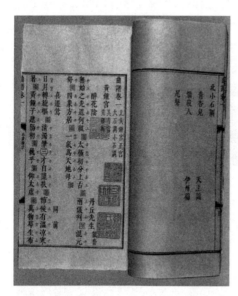

清刻本《钦定曲谱》

段、王不但在理论上对音义关系有了更深刻的认识，也在训诂实践——《说文解字注》、《广雅疏证》中作出了典范，不仅纠正了前人的许多误说，而且有自己的不少发明创见，为后来学者提供了切实可行的榜样。

象牙雕出现江南广东两大派

　　清统治者十分重视工艺美术品的生产，并特设内府造办处，专门制造供王公贵族欣赏和使用的工艺品，其中就有制作象牙雕的"牙作"，集中了许多民间的雕刻家，专管雕制宫廷所需象牙雕工艺品。

　　在清代造办处的如意馆供职的象牙雕匠主要来自江南与广东两地，又因师承与风格不同，形成了江南、广东两大流派。

　　江南派主要代表人物以嘉定派竹刻名家为主。雍正时期有封岐、封镐、施天章、顾继臣、叶鼎新、陆署名等，他们大多能书善画，既刻竹，也雕刻其他材料，如象牙、木、犀角等，风格清新奇峭，气韵生动。代表作品有象

清象牙镂雕花篮

清象牙镂雕香筒

清象牙雕云龙纹火镰套

007

清象牙雕回文葫芦式花薰　　　　　清象牙雕精品月曼清游册

牙雕山水人物方笔筒、罗汉渡海图臂阁、松鼠葡萄笔洗、竹石圆盒等。乾隆时期有李裔广、张丙文等人，也属江南派牙雕名家。

广东派的象牙雕匠人多来自于广东，雍正时期有陈祖章、屠魁胜等，乾隆时期有杨维占、陈观泉、司徒胜、董兆等。其风格以纤细精美为特征，象牙制品以雕刻镂空活动象牙球著称。代表作有象牙灯、象牙席等。象牙灯的构件除框、柱、顶、檠、底托之外，其照明部分是把极薄的象牙片精雕细刻成细网眼，灯上用茜色象牙图案装饰。象牙席，是先用特制工具做出象牙丝，然后编织而成。

清代中后期，宫廷工艺衰落，民间象牙雕则开始兴起，两大象牙雕刻流派的技艺与风格也传入民间。

苏钢推广

清代钢铁冶炼技术有了进一步的发展，制钢工艺出现多种不同的方法，有炒钢、灌钢、百炼钢、渗碳钢、苏钢、宝庆钢等。其中苏钢工艺已相当成熟，并在全国得到推广。

苏钢是由灌钢工艺改进而来，据说是因为江苏芜湖工匠所创而得名，基本操作过程是："初锻熟铁于炉，徐以生镤下之，名曰镤铁，镤饱则镤不入也。于时渣滓尽去，锤而条之，乃成钢。"也就是用生铁与熟铁放在一起杂炼。这种工艺由于采用含氧化杂质较多而组织疏松的熟铁作原料，增大了生熟铁接触反应面，并提高了反应强度，操作过程与方式都大大简化，成分较易控制，去渣能力强，金属收得率高，生产率也较高。

苏钢兴盛最初是在江苏芜湖，那里"居于廛治钢业者数十家，每日须工作不啻数百人"。后来因苏钢销量较好，芜湖工匠便开始到湖南、四川等地建造制钢作坊。乾隆年间，芜湖陶裕盛将苏钢工艺带到湘潭。到咸丰年间，湘潭的苏钢作坊已发展到40多家，十分兴旺。

包世臣谈运笔

包世臣（1775 ~ 1855），字慎伯，号倦翁，安徽泾县人，嘉庆、道光年间著名学者，善书法，用笔取侧势，著有《艺舟双楫》六卷。前四卷论文，后两卷论书，主要篇目有《述书》、《历下笔谈》、《国朝书品》、《答熙载九问》、《答三子问》、《自跋草书答十二问》、《与吴熙载书》等。其中的《述书》、《历下笔谈》作为书学专著曾名重一时。

《述书》专论执笔、运笔方法。他强调用笔要"行处皆留，留处皆行"，运笔要"始艮终乾"。认为"北朝人书，落笔峻而结体庄和，行墨涩而取势排宕。万毫齐力，故能峻，五指齐力，故能涩"。又说："用笔之法，见于画之两端，而古人雄厚恣肆令人断不可企及者，则在画之中截。"《历下笔谈》倡导篆隶北碑，对当时书风变革有很大影响。

《国朝书品》品评清代书法家作品，分为神品、妙品、能品、逸品、佳品等品次，"平和简净，道

包世臣的《警语》。此幅作品通篇气势雄浑，结构揖让合理，运笔顿挫有力，富有"金石气"。

丽天成，曰神品。酝酿无迹，横直相安，曰妙品。逐迹穷源，思力交至，曰能品。楚调自歌，不谬风雅，曰逸品。墨守迹象，雅有门庭，曰佳品。"被列为神品、妙品上的是邓石如，而郑簠、金农则为逸品上。

注解古书风行

清代前后近300年，一代代学者，几乎把所有流传下来的古代文籍都重新作了注解，有些经典的注本竟达数百部之多。在众多的考据学家中，不乏有考释精微细致、陵唐轶汉的通家大儒，不乏有注疏详尽、颇有成就的重著名作。

通释语义类的训诂专著，有邵晋涵的《尔雅正义》、郝懿行的《尔雅义疏》、翟晴江的《尔雅补郭》、王煦的《小尔雅疏》、胡承珙的《小尔雅义记》、胡世琦的《小尔雅义证》、宋翔凤的《小尔雅训纂》、钱大昭的《广雅雅义》、王念孙的《广雅疏证》、戴震的《方言疏证》、王先谦的《释名疏证补》、段玉裁的《说文解字注》、桂馥的《说文义证》、朱骏声的《说文通训定声》、王筠的《说文句读》、《说文释例》等等。

注疏经史类的，有惠栋的《周易述》、阎若璩的《古文尚书疏证》、孙星衍的《尚书今古文注疏》、陈奂的《毛诗传疏》、马瑞长的《毛诗传笺通释》、胡承珙的《毛诗后笺》、孙希旦的《礼记集解》、刘文淇的《左传旧疏考证》、陈立的《春秋公羊义疏》、刘宝楠的《论语正义》、皮锡瑞的《孝经郑注疏》、洪亮吉的《国语注疏》、顾广圻的《战国策札记》、杭世骏的《史记考证》、沈钦韩的《汉书疏证》、《后汉书疏证》、郝懿行的《山海经笺疏》等等。

注疏子部、集部的，有戴望的《管子校正》、郭庆藩的《庄子集释》、王先谦的《荀子集解》、王先慎的《韩非子集解》、孙诒让的《墨子问诂》、陶方琦的《淮南许注异同诂》、戴震的《屈原赋注》、孙志祖的《文选李注补正》、吴兆宜的《玉台新咏笺注》、蒋骥的《山带阁注楚辞》等等。

另有集古代传注汇成一编的，如阮元的《经籍纂诂》；有考订群书的，如王念孙的《读书杂志》、王引之的《经义述闻》、俞越的《群经平仪》、《诸子平议》。

馆阁体僵化

　　科举时代，考官评阅试卷往往看重书法，因此便出现一种专用于应试的"馆阁体"，又称台阁体。这种书体本来也是楷法的一种，不过是特指端正匀整的小楷。明代、清代前期情况尚好，中期以后，"馆阁体"要求日见苛刻，不尚高雅，只要求写得又乌、又光、又方，以吸引考官；而且只能写正体，不能有一个破体与俗体。其规范之谨严，正如康有为在《广艺舟双辑》中所说："分行布白，纵横合乎阡陌之经，引笔著墨，灿乎珠玉之彩。缩率更、鲁公于分厘之间，运龙跳、虎卧于格式之内。精能工巧，遏越前载。"

　　这种严格要求，迫使不少考生常年累月进行练习，个性全失，千人一面，束缚了许多知识分子的创造性，使他们的作品再没有明末清初那种豪放拙朴的气息了。

伊秉绶融汇篆隶

　　伊秉绶（1754 ～ 1815），字组似，号墨卿，晚号默庵，福建汀州人。乾隆五十四年（1789）进士，官至刑部主事、惠州知府、扬州知府等。伊秉绶书法初宗汉隶。乾嘉之际，碑学盛行，汉魏碑刻受到书法家的重视。伊秉绶热衷汉碑，在精研《西狭颂》、《张迁碑》、《裴岑纪功碑》、《封龙山》、《韩仁铭》等汉碑的基础上，将汉隶的体势和结构加以改造，并将篆书的用笔融于隶书，创制出一种新隶书——篆隶书，具有间架博大、质朴浑厚、气势雄强的风格。他对颜真卿的书法研究精透，用颜真卿的楷书写隶字，风格独特；又用隶笔写颜字，瘦劲独绝。其名作《吊比干文》，瘦劲古朴，体方笔圆，寓巧于拙。

大清衰弱时期

中平三年二月震节纪日
上旬阳乘厢杭感思旧君
故吏韦萌等命然同毂
張遷碑

伊秉绶的《节临张迁碑》

潍县民间木版画产生

潍县是清代山东省东部经济文化中心，商业繁荣，交通便利，绘画及工艺美术也相当发达，使年画的发展具有优越的条件。

潍县年画始于明而盛于清，中心集中在杨家埠村一带。它的原稿，有的来自杨柳青和武强，有的出自当地画工之手，也有一小部分摹自石印年画。潍县旧年画的取材，多带有传统民俗色彩，比如："财神叫门"、"天赐黄金"、"灶马"和"门神"等等。解放后，其年画内容也大有改变，多是"新年吉庆"、"年年有余"、"胖娃娃"、"鹊报三多"、"四季山水"等反映人民兴趣爱好的

清末山东潍县年画《灶君》

内容。最能代表潍县年画内容的是"男十忙"、"女十忙"、"春牛图"、"渔家乐"等，表现了农民和渔民的生产劳动情景。"男十忙"描绘了农夫们耕地、播种、锄草和收获的情景；"女十忙"描绘了妇女照看孩子、轧棉、弹花、纺纱、整经的情景。另外以历史故事为题材的年画也很多，如"三国"、"水浒"、"岳传"、"西厢记"、"天仙配"、"白蛇传"等。

潍县年画的表现方法，首先强调主题明确，如"男十忙"、"女十忙"等。其次强调生动传神。以"断桥相会"为例，那紧锁双眉、两眼直视、举刀要杀许仙的青蛇；那惊倒在地、用衣袖护住脖子、仰脸向白蛇哀告又惊又愧的

许仙；那左手挡着青蛇的剑，面容严峻但又显得难舍难弃、爱恨交织的白蛇，都画得栩栩如生。

潍县年画不仅讲究布局的虚实繁简和线条粗细刚柔的对比，更讲究色彩明度对比和寒暖对比。比如"童子逗雀"，运用黄、红、绿、紫、黑五色，加上白底纸本身共六色明暗度对比和各色寒暖对比，描绘出一幅新鲜悦目、人见人爱的美丽图画。

潍县民间木版年画，既有北方年画的质朴明快，又有南方年画的柔丽雅致，充分反映了劳动人民高超的民间工艺技术。

大规模整理传统数学

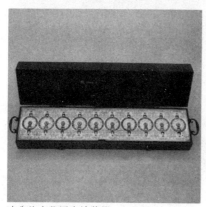

清代的十位圆盘计算器

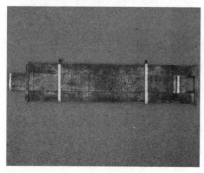

清代银制带有滑尺的对数尺

清从雍正时期开始，对带来西方科学技术的传教士实行禁压政策，中西交流的渠道被严重阻塞；对本国知识分子则加强思想统治、大兴文字狱，大批知识分子因此转向研究古籍、考据经典，从而使中国数学研究的热点也发生了显著的变化。至乾嘉时期，数学家们对西洋数学的兴趣明显降低，乾、嘉、道三朝的著名学者如戴震、李潢、阮元、焦循、汪莱、李锐、罗士琳等都投身于大规模整理、发掘传统数学成就的浪潮中，使大批古算书重放异彩，并取得了一批新的成果。

清初虽然有梅文鼎和《数理精蕴》汇通中西数学，但宋元时期及其以前的数学成就还没有被发掘出来，古代数学经典极稀，《古今图书集成》收录数学书籍寥寥无几就是证明。到乾隆时期，《四库全书》的编纂开始拉开大规模整理传统数学著作的序幕，数学家们为此做了大量的工作：

戴震在整理古算书上的成就十分突出。他从明《永乐大典》中辑出了许多数学书籍并进行修订整理。《四库全书》中收入了经他整理的《算经十书》，后来孔继涵刊刻的微波榭本中又收入了戴震的《勾股割圆记》和《策算》。在此基础上，李潢做了大量的工作。他致力研究《算经十书》，著成了《九章算术细草图说》、《海岛算经细草图说》和《辑古算经考注》等书，并对这 3 本书进行反复校勘、疏通，从数学算理上加以研究，补绘了大批精美图形。另外，屈曾发也刊刻了《九章算术》的第一个单行本，并对《九章》和《海岛》等书作了研究，著有《九数通考》一书。

阮元则对宋元数学著作的整理倾注了许多心血。他广泛收罗古算

银制桌面上刻有三角函数和对数表的康熙皇帝御用炕桌

书，组织人力校勘整理一些名著，如《四元玉鉴》、《益古演段》、《测圆海镜》及《杨辉算书》。此中做大量具体工作的是李锐、罗士琳、沈钦裴和宋景昌等人。李锐校勘了《测圆海镜》和《数书九章》；宋景昌研究了《数书九章》；罗士琳和沈钦裴为《四元玉鉴》补草。特别是罗士琳，在整理研究传统数学方面做了大量重要工作，除《四元玉鉴》24 卷外，朱世杰的《算学启蒙》也是经他整理校勘并刊印的，前者还是研究阐发朱世杰的四元术的最有影响的著作。他还整理校订刊刻了明安图的《割圆密率捷法》，使这部重要著作得以公诸于世；刘衡的《六九轩算书》五种也是在刘氏死后 40 多年才由罗士琳排比定稿的。

此外，鲍廷博、郁松年等人在刊刻宋元著作方面出了不少力，《知不足斋丛书》和《宜稼堂丛书》中都收录了不少数学书籍。

焦循、汪莱、李锐等人还在发掘、整理传统数学典籍的基础上，展开了他们的研究工作，他们分别著有《显堂学算记》、《衡斋算书》、《李氏遗书》等著作，使传统数学得到发展。

乾嘉时期众多学者对古算书的整理，基本上把宋元以前的主要数学著作都发掘出来并加以重新研究，使大批数学遗产重放光彩，促进了我国数学的发展。

四大家擅棋场

清代以后，围棋又有了进一步的发展，出现了新的高潮。特别是康熙末年到嘉庆初年，棋坛不再由一个人称霸，而是涌现出一大批杰出的棋手，其中梁魏今、程兰如、范西屏、施襄夏被称为"四大家"。四人当中，梁魏今出道最早，曾多次与当时颇负盛名的高手徐星友对弈。他的棋奇巧多变，是范、施的前辈，二人受教获益不浅。程兰如与梁魏今齐名，棋风浑厚有力，他曾与徐星友对弈10局，屡败之，徐因此隐退，不再复出。程兰如著有《晚香亭弈谱》传世。范西屏是四人中的佼佼者，16岁即名扬天下，位居第一。他下棋灵活多变，不拘一格，每战必胜。他著有《桃花泉弈谱》2卷，内容全面丰富，详细记载了其对于围棋的独到见解。当时能与范西屏抗衡的只有施襄夏。二人同为浙江海宁人，师从一人，又都是少年出名。范31岁、施30岁时，两人曾对弈于当湖，下得惊心动魄，10局后仍难分胜负，真乃精妙之作。当时弈家评论，范如神龙变化莫测首尾，施如老骥驰骤不失尺寸。施襄夏将平生的围棋实战经验进行归纳总结，撰写成《弈理指归》及《弈理指归续编》二书。书中分门编歌诀，集着法于歌诀中，句法精练，朗朗上口，便于记忆，是我国围棋理论著作中少见的精品。

以范、施二人为代表的雍乾时期的棋艺水平，是我国围棋发展史上的一个里程碑，对后世影响颇大。

王贞仪著天文学著作

清嘉庆二年（1797），女科学家王贞仪逝世，年仅 29 岁。

王贞仪（1768 ~ 1797），字德卿，自号江宁女史，江苏江宁（今南京）人。王贞仪出身于书香门第，家中藏书很多，加上她又游历过北京、陕西、湖北、广东等地，见多识广。她不仅具备了经史诗文的修养，而且还在天算、医药等方面有较高的科学水平，成为乾嘉时期一位卓越的女科学家。她广泛涉猎了古代著名天算家张衡、祖冲之等人的著作，研究了勾股、测量、方程等方面的学术，写下了许多天算方面的著作，阐发自己对天文历法的观测和思考，对岁差等问题提出了个人见解。在医学方面，王贞仪不仅从医书中学习了医理，而且还能切脉治方，并提出了察脉、视人、因时、论方、相地的医道五诀。

王贞仪撰写了许多科学专著和诗文集。主要的有《星象图释》2 卷，《书算简存》5 卷，《筹算易知》、《重订筹算正讹》、《西洋筹算增删》、《女蒙拾诵》、《沈疴呓语》各 1 卷，《象教窥余》4 卷，《文选（诗赋）参评》10 卷，《德风亭初集》13 卷，《德风亭二集》6 卷，《绣绋余笺》10 卷。

王鸣盛订史

清嘉庆二年（1797），史学家王鸣盛去世。

王鸣盛（1722 ~ 1797），字凤喈，号礼堂，江苏嘉定人。

清代乾嘉史学在历史考证方面取得极辉煌成果，王鸣盛的《十七史商榷》是其中著名的代表作之一。王鸣盛的史学，既有历史考据，也有历史评论。他的《商榷》一是校勘文字，二是考证典制事迹。他认为：十七史在传抄、刊刻过程中，不免有文字的差误。他在这方面所做的改、补、去的考订工作，有不少成绩。同时，史书在传抄、刊刻过程中，还会出现编次的差误和史文

的颠倒、遗漏；前人在注史、校史、补史方面，也会出现误注、误校、误补的地方。因此，他认为对旧史有必要进行文字上的校勘。

在考史方面，《商榷》有不少条目是考证两汉至五代的地理与职官。在考证地理方面，注意历史地理的特点和沿革，还花不少心血考证有关故乡的历史地理。在考证职官方面，着重于中央与地方掌实权的要职，如两汉的尚书、中书、州刺史，魏晋的州郡中正，南朝的都督刺史，唐朝的南衙北司，以及汉唐的宦官等等。

王氏在考校十七史的同时，注重对诸史的比较研究，特别是对同一历史时期的两种书（如《旧唐书》与《新唐书》，《旧五代史》与《新五代史》）进行对比，发现异同，从而对正史进行议论。在评正史的体例、取材、纪事、文笔，以及修史态度等方面，发表了不少值得重视的看法。事实上，王鸣盛在史学方面的评论更能反映他的学术见解。他在不少地方推崇马、班、陈、范前四史。他对魏收的《魏书》被称为"秽史"持不同看法，认为"魏收手笔虽然不高，但也不见得处诸史之下"。但他对《新唐书》和杜佑的《通典》、李延寿的《南史》、《北史》的史学价值则多有误解和失实的批评。在这方面，王鸣盛的《商榷》比起赵翼《廿二史札记》，不免显得逊色。

王鸣盛像

乾嘉象棋隆盛

中国传统象棋随着康熙以后社会经济的恢复和繁荣，逐渐活跃起来，出现了王再越、周廷梅等棋坛高手和理论家以及 20 多种棋谱，如王再越的《梅花谱》等。

乾隆帝颇爱象棋，王公大臣也喜欢下棋，乾隆时期象棋盛极一时。当时民间有九大象棋流派，共11人。他们是：毗陵派（周廷梅、刘玉环）；吴中派（赵耕云、宋小屏）；武林派（袁彤士）；洪都派（乐子年）；江夏派（黄同孚）；彝陵派（汤虚舟）；顺天派（常用禧）；大同派（奇子年）和中州派（许塘）。时称"江东八俊，河北三杰"。乾隆末嘉庆初，苏州的吴绍龙"弈品居第一"，同时期的象棋名手还有刘尚龄、施嘉谟、宣才宝等人，但棋艺都不及吴氏。

康熙时代像《韬略元机》中出现的排局比较初级，而乾、嘉年代却出现了相当高级的排局。当时研究残局的主要代表作有：薛丙辑著、吴绍龙校阅的《心武残编》6卷，共148残局；三乐居士著的《百局象棋谱》8卷，共107残局，二者均以和局为主。嘉庆二十二年（1817）出现的《竹香斋象戏谱》则是排局即高级残局的集大成之作，共3集8册，196局。作者张乔栋，字兰汀。在书中，他发挥丰富的想象，综合旧谱中简单的胜局和实用残局，并将其发展成深奥的排局，从反复变化中训练残局功力。以上3部棋谱构思精深，变化繁多，特别是《竹香斋象戏谱》，在综合了前人成果的基础上加以发展，对后世象棋产生了深远的影响。

毕沅注经

嘉庆二年（1797）七月三日，毕沅病死于湖广总督任上。

毕沅，字秋帆，又字纕蘅，自号灵岩山人，江苏镇洋（今太仓）人。乾隆二十五年（1760）一甲一名进士，授翰林院编修，继为翰林院侍讲，兼《大清一统志》及方略馆纂修。乾隆三十一年起，毕沅出京外任，先为陕西按察使，上奏甘肃干旱，免欠赋400万；后任陕西巡抚，督垦田，浚水渠，收碑碣，储学宫，曾谏言陇右耕作与畜牧相兼，实为边土无穷之利。后来他又任山东巡抚，奏蠲山东积欠487万，常平社仓粮50万余石。他居官期间，先后镇压过回民、苗民以及白莲教起义。

毕沅推崇司马光的《资治通鉴》。他居官于外几十年间，主持编纂了《续资治通鉴》，还延请学者编写了《传经表》、《湖北通志》、《史籍考》等。他还著有《关中胜迹图记》、《西安府志》、《关中金石记》、《中州金石记》、《山左金石记》、《灵岩山人诗集》、《灵岩山人文集》等，是清代著名的文史学家。

张惠言发动常州词派

清代康熙、乾隆年间直至嘉庆初年，词坛主要派别是浙派，他们注重词的声律格调，追求清空醇雅，而将词的内容置之次要，以至渐趋空虚。为驱散这股颓废之风，张惠言、周济大声呼吁有强烈现实意义的词作，提倡"比兴寄托"的词作主张，并创立常州词派。

张惠言（1761～1802），原名一鸣，字皋文，武进（今江苏常州）人。他的关于常州词派的观点最早出现在他所编辑的《词选》中。在序言中，他首先强调词的历史地位，用"意内言外"来说明词作"近于变风之义、骚人之歌"。另外，他还提出"比兴寄托"的创作主张，强调词作应该重视内容，反映现实生活，尽量做到"缘情造端"，"感物而发"，"不徒雕琢曼词而已"。

清代嵌螺钿紫檀匣，用贝壳或鲍鱼壳做成各种花卉钿片嵌在匣子四周，在阳光折射下闪烁变幻，异彩纷呈。

这点从《词选》中所辑的历代词作也可看出，对于浙派所推崇的姜夔只收3首、张炎只收1首，而对于辛弃疾、张孝祥、王沂孙等词家的现实主义作品，却辑入不少。张惠言自己所写的词数量不多，只有46首，但却很有份量，如《风流子》、《出关见桃花》，作者所到之处是"地尽寒垣，惊沙北走；山侵溟渤，迭障东还"的榆关之外，却有一处桃花"向人独笑"。作者从中想起"经他风雨，能几多番"？从中寄托了作者的飘零沦落之感。

周济是常州词派的另一个代表。周济（1781 ~ 1839），字保绪，一字介存，晚号止庵，荆溪（今属江苏宜兴）人。他进一步明确提出词作要有寄托，认为"词非寄托不入，专寄托不出"，并提出词作如何寄托的途径，即要使"万感横集，五中无主"的浓郁感情通过"铺叙平淡，摹绩浅近"的艺术形象体现出来。对于前代词人周邦彦、辛弃疾、吴文英、王沂孙，则主张"问涂碧山（王沂孙），历梦窗（吴文英）、稼轩（辛弃疾）以还清真（周邦彦）之浑化"。他关于词作理论的作品有《词辩》和《宋四家词选》，实践创作有《味隽斋词》。

常州词派在词作创作理论上颇有新意，切合当时内忧外患，社会急速变化的历史要求。但他们的作品普遍比较晦涩，与他们的立论尚有距离。尽管如此，常州词派对于清词的发展仍有较大影响。

阮元主编《经籍纂诂》

清嘉庆三年（1798），著名训诂学家、金石学家阮元首倡并组织当时著名学者臧镛堂、臧礼堂、宋咸熙等30余人集体编纂《经籍纂诂》。

阮元（1764 ~ 1849），字伯元，号云台，江苏仪征人。阮元早年积极兴办教育，提倡学术，并在杭州和广州分别创建"诂经精舍"、"学海堂"。他精通文字训诂、金石考究，同时对天文、地理、历算也有研究。作为"一个最后倡导汉学学风的人"，阮元有"汇刻编纂上结束汉学的成绩"。阮元一生著作甚丰，有《诗书古训》、《四库未收书目提要》、《两浙金石志》、《学海堂经解》、《皇清碑板录》、《积古斋钟鼎彝器款识》等。

《经籍纂诂》按阮元所订凡例编纂，将先秦至唐代的经、史、子、集各部主要著作的注释，以及汉晋至唐的各种字书、韵书、音义书、训诂书中的解释，以单字为条目编排在一起。编排上则依照《佩文韵府》，采用平水韵106韵分卷，每韵一卷。收字除全收《佩文韵府》字外，还有所增补，共收13349字（不含异体字）。每个字根据它的韵读归部，一字多音就按照反切的不同，归入不同的韵部。每字一条，只释字义，不注反切。每字之下列述各种古书注释、

出处及原文；同一训释分见于各书的，也依次列举，不避重复。字下义项排列，先列本义，次列引申义，最后是名物训诂。此书编成以后，阮元又组织力量补充、修改，写成《经籍纂诂补遗》106 卷，分附于每卷之后。《经籍纂诂》把汉唐旧注汇集在一起，使学人避免了四处翻检之苦，对阅读古籍、解决训诂问题很有帮助。因此，《经籍纂诂》是后人阅读古籍很难得的工具书。

《随园诗话》作者袁枚去世

嘉庆三年 (1798) 十二月，诗人袁枚去世，终年 82 岁。

袁枚，字子才，浙江钱塘人，12 岁时补县学生；乾隆四年 (1739) 进士，选庶吉士；历任江宁、溧水等地知县，后辞官，于南京小仓山筑"随园"，著有《小仓山房诗文集》、《随园诗话》等 30 余种。

袁枚的思想比较自由解放，对当时统治学术思想界的汉、宋学派都有所不满，特别反对汉学考据。他主张诗写性情，认为作诗不可以无我，即要有真性情，要有个性。他反对模仿唐宋、大谈格律、以书卷考据作诗的诗风，更不喜爱一切迭韵、和韵、作僻韵、用古人韵等来束缚性灵。袁枚对于诗的见解，对当时形式主义和拟古主义诗风，是一个很大的冲击。

起和珅大狱

嘉庆四年（1799）正月八日，嘉庆帝颁布谕旨，革大学士和珅职，下狱治罪；十五日，诏宣和珅罪状。

和珅，字致斋，满洲正红旗人。得乾隆帝宠爱，提升为御前侍卫，晋升军机大臣兼步军统领，管领侍卫内大臣兼理藩院尚书事，又调任吏部尚书，协办大学士并管理户部。他把持权政，作威作福，积怨朝野。嘉庆帝即位前即知其奸，即位后，因乾隆太上皇帝在，不便处理。太上皇帝死，和珅失去依靠，嘉庆帝即对他进行惩治。

嘉庆帝宣布和珅有 20 大罪。十八日，嘉庆帝令和珅在狱中自尽。死前，和珅写了一首诗,其中说道:"月色明如许,嗟余困不伸。百年原是梦,卅载枉劳神。"

和珅当政 20 年,家资甚巨:房屋 185 间,花园 2 座;当铺 75 座,银号 42 座,古玩铺 13 座,玉器库 2 间,绸缎库 2 间,洋货库 2 间,皮张库 1 间,玻璃器皿库 1 间;金碗碟 32 桌,银碗碟 32 桌,白玉痰盂 200 个,金痰盂 120 个,银痰盂 600 个,金脸盆 117 个,银脸盆 233 个,珍珠翠宝首饰 28000 件;金元宝 1000 个,银元宝 1000 个,赤金 580 万两,生沙金 600 万两,元宝银 940 万两,洋钱 58000 个,制钱 1055 串;貂皮女衣 611 件,貂皮男衣 806 件,杂皮男衣 806 件,杂皮女衣 437

和珅像

件,貂皮帽 54 顶,貂蟒袍 37 件,貂皮褂 48 件,貂皮靴 120 双;金炕床 20 张,镂金八宝床 4 张,金罗汉 18 尊,人参 680 斤;大自鸣钟 10 座,小自鸣钟 156 座,桌钟 200 座,时辰表 80 个;田产 8000 顷。

中国园林建筑艺术水平达到顶峰

清代是中国园林的最后兴盛时期,此期的园林建筑艺术显露出地方特色,形成北方、江南和岭南三大体系。

北方园林以北京最为集中,除皇家苑囿外,城内颇具规模的宅园达 150 处之多,园林建筑呈现厚重朴实刚健之美,具有浑朴、凝重、粗放的艺术特色。江南园林集中在扬州、苏州、南京、杭州等地,宅园建筑轻盈空透,空间层次变化多样,建筑色彩崇尚淡雅,粉墙青瓦,赭色木构,有水墨渲染的清新格调,独具婉约、柔媚、通透的艺术风貌。岭南园林以广州附近东莞、番禺、佛山等地的园林为代表,还包括福建、台湾的宅园。因受气候影响,岭南园

北京颐和园昆明湖的玉带桥

岭南庭园的代表——广东东莞可园

扬州瘦西湖畔的五亭桥

林更加通透开敞，同时吸收西方规整式园林的风格，水体和装修多呈几何形式；建筑密度高，姿态丰富，体型呈向空间发展，以幽奥、丰富、装饰性强的风格见称。

在建筑艺术方面，清代的造园技艺已经达到炉火纯青的地步，创造了许多空间——环境处理方面的巧妙手法：小园有一套小中见大、以少胜多、逐步展开、引人入胜、步移景异、余意不尽的手法；大面积苑囿则有另一套依山就水、巧于因借、园中有园、模仿名胜、主次相成、对比变化等手法。园林建筑形成了空间通透、格局多变、造型轻巧、平面自由等特色，还创造了其他建筑无法与之比拟的漏窗、门洞、窗洞、花街铺地等式样。叠山艺术方面也形成以土为主和以石为主两种风格。

清代园林富于意境之美，同山水诗画有着共同的艺术目标。它往往采用提炼概括和写仿寓意等手法，集自然美景于有限的空间，形成咫尺山林。清代园林在模仿自然的基础上，呈现丰富多采的园林意境，主要有海岛仙山、田园村舍、诗情画意、各地名胜等。海岛仙山以大池为中心，象征东海，池中堆土或叠石为岛，象征传说中的海上仙山，圆明园中的"蓬岛瑶台"、杭州西湖的"小瀛洲"、苏州拙政园的"小蓬莱"等都采用东海仙岛的构想。田园村舍的意境构想也被清代帝苑吸收，如圆明园就有"牧童牛背村笛"的田园风光，还有"映水兰香"、"多稼如云"、"杏花春馆"等景点，构成一片水乡村景。清代园林以各种点景题额、楹联、书画及叙园景的诗篇、画幅而富有诗情画意，也常吸取诗意、画意作为造景的依据。如圆明园"夹镜鸣琴"一景即取李白"两水夹明镜"诗意而造。清代园林还写仿各地名山胜景，把各地名胜引入园中。如圆明园移植了杭州西湖柳浪闻莺、断桥残雪、平湖秋月等景点，清漪园则模仿西湖堤、岛布置方式。此外，清代园林还有曲水流觞、梵刹琳宇、街市酒肆等意境构思，尤其是寺观园林为清代帝苑提供了丰富的造景借鉴。清帝苑中常设佛寺，如承德避暑山庄有永祐寺、珠源寺、水月庵等建筑，圆明园有观音殿、舍卫城，颐和园有佛香阁。私家园林也设立佛堂。可见，清代园林意境内容丰富，形式不一，极具艺术创造性。

清代园林的全盛时期，皇家帝苑和私家园林竞相发展。清代帝苑代表了此期园林艺术的最高成就。与私家园林相比，帝苑构图严整、景点集中、装修华丽、规模巨大，显示出雍容华贵的皇家

苏州园林的杰作——建于清代的网师园

清代园林代表作，苏州四大名园之一——留园

苏州四大名园之一——拙政园

气派，以表现奉天承运、天子独尊的封建统治意图。御苑集江南私家园林及各地名山胜水景观于一园，南北造园艺术得到交流，提高了构思深度，也丰富了创作思路。清代私家宅园也达到宋明以来的最高水平，园林规划由住宅、园林分置逐渐向结合方向发展，提高了园林的生活享受职能。宅园用地宝贵，在划分景区和造景方面善用曲折、细腻的手法，空间不断变幻，开合、收放、明暗、大小、精粗等不断转换，表明对比统一构图规律在宅园造园艺术中已被纯熟运用。清代私家园林创造了丰富多彩的艺术形式，呈现出有别于皇家帝苑的民间风格。

清代还出现了我国第一部系统总结园林艺术和技术的理论专著——《园治》。这本书在较高层次上总结了历代造园实践的经验，形成了系统的学说，是一部划时代的巨著。

从总体来看，清代园林堪称中国古典园林发展的一个高峰。清代造园艺术对其他少数民族的建筑也有一定影响，西藏的罗布林卡即模仿汉族离宫的样式建造，回族的住宅中也另辟园林式庭院，养花种草以改善居住环境。

漆器工艺转入民间

清代中期宫廷漆器工艺达到顶峰，民间漆艺也在发展。清中叶后，宫廷漆艺技术传入民间，促进了民间漆艺的发展，再加上海外出口需求增大的刺激，民间漆艺渐渐形成不同特色和地方风格，尤以北京、扬州、福建等地的漆器最为有名。

乾隆年间嵌螺钿葵花形黑漆盒

北京漆器工艺受宫廷雕漆技术影响，以生产雕漆而著名。所用模型有木胎、锡胎、铜胎，雕刻图样有山水、花鸟、人物，品种有剔红、剔黄、剔黑、剔彩等，制作精美，风格富丽，京味十足。

扬州漆器工艺多采用镶嵌手法，主要品种有百宝嵌和螺钿镶嵌。百宝嵌是

清中期描金山水人物长方形罩漆盘

乾隆年间识文描金海棠形漆攒盒

以各种珍贵材料，利用其天然色泽，雕镂拼镶于漆地之上，使珍宝镶嵌与漆器相结合，互相衬托，相得益彰。螺钿镶嵌即用扬州螺钿加工后拼镶在漆地上，以点螺最有特色。其制作方法是：先将优质贝壳制成细小软薄的点、线、片，然后按一定的构思设计一点一点地拼镶在漆地上，最后刷漆，推光，显出螺片。于是点点螺片在黑漆地上闪烁五彩虹光，异常精致纤巧。

福州漆器工艺则采用脱胎技术，所以福州漆器又称福建脱胎。其制作方法是：先用泥作成模型，再用布或绸粘贴，然后上漆，运用多种漆艺技法来装饰，器体轻巧大方，纹饰华美，色泽鲜丽。

阮元主编《畴人传》

清嘉庆四年（1799），由阮元主编的《畴人传》46卷刻成。这是中国第一部记述历代天文学家和数学家学术活动及其成果的传记体数学史和天文历法史著作，也是研究中国天文、历法和数学史的重要工具书。1840年罗士琳编《续集》6卷。1886年诸可宝又续编《三编》7卷，并收1884年华世芳著《近代畴人著述记》作为附录。

畴人，指有专业知识的人。该书专指天文学家、数学家。《畴人传》及续编、三编共收了从上古到19世纪末的中国天文学家、数学家约400人的传记，外国天文学家、数学家约50人的传记。其中，中国知名数学家有商高、荣方、孙子、张苍、耿寿昌、刘徽、张丘建、祖冲之、祖暅、甄鸾、王孝通、李淳风、秦九韶、杨辉、李冶、朱世杰、程大位、梅文鼎、明安图、李潢、李锐、汪莱、焦循、张敦仁、沈钦裴、项名达、罗士琳、徐有壬、戴煦、夏翔鸾、时曰醇、李善兰等。外国数学家有多禄某（托勒密）、未叶大（F.韦达）、欧几里得、亚奇默德（阿基米德）、若德讷白尔（J.纳皮尔）、奈端（I.牛顿）、华里司（J.沃利斯）、富路玛（P.de费马）等。

《畴人传》所收各传，"掇拾史书，荟萃群籍，甄而录之，以为列传。"它把科学的数学与迷信的术数严格区别开来，把科学的天文学与迷信的占星术区别开来，对各种附会之说和占卜之类一概不收。本书汇集了清代许多名家的研究成果，可以通过它细致地了解清代学术界的思想。限于当时的历史条件和认识水平，《畴人传》遗漏了许多中国传统数学的重要内容，对西方数学的认识也存在许多谬误。

　　《畴人传》是一部以人物学术传记为核心的天文学史、数学史巨著，也是中国最早出现的天文学史、数学史专著，得到了科学史界的高度赞誉。美国数学家史密斯称它是"中国关于数学史的最有价值的著作"，英国李约瑟博士说"该书可以算是中国书籍中一本最近于中国科学史的著作"。

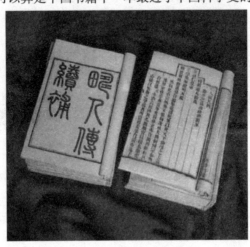

历代天算家传记集《畴人传》

英国大规模向中国输出鸦片

　　早在 18 世纪初期，葡萄牙和荷兰商人就以澳门为据点，向中国输入鸦片获利。18 世纪中后期，英国对中国丝茶的需要日益增加，而其工业产品在自然经济占统治地位的中国却没有多少市场，造成英国对华贸易巨额入超，英国政府开始鼓励英商大规模向中国输出鸦片，以改变这一局面。

　　乾隆三十八年（1773）和嘉庆二年（1797），英国的东印度公司先后取得鸦片专卖权和鸦片制造垄断权，开始迅速、大规模地发展对华鸦片贸易。19 世纪开始，英国运华鸦片迅速从每年三四千箱递增至每年一二万箱。美国商人也开始从土耳其大量向中国运销鸦片。从 1800 年到 1839 年，各国商人运入中国的鸦片约计 7 万余箱。鸦片贸易给中国带来严重的灾难。

　　中国在对英贸易中由出超变为入超，大量白银外流，至 19 世纪 30 年代平均每年流出白银达五六百万两。银贵钱贱的现象日趋严重，农民出卖农产品得来的是铜钱，交纳赋税却必须用白银。农民不堪负担，清政府财政危机加剧。大量人口吸食鸦片，中国人的身心受到严重摧残，中国军队的防御能力大大降低。有鉴于此，清政府曾在 1729 年和 1796 年下旨禁烟，但外国鸦片贩子在本国政府支持下，或偷运，或以武力走私，或贿赂收买地方官吏，使鸦片贸易屡禁不绝。

东印度公司走私鸦片的快船

另一方面,鸦片贸易却给英美等国带来巨额利润。从印度向中国输入鸦片,价格几十倍甚至几百倍上涨, 对华鸦片贸易被视为发财捷径。英商大资本集团怡和洋行、沙逊洋行均以贩卖鸦片发家。

　　英国政府以鸦片贸易使对华贸易由巨额入超变为巨额出超,中国大量白银流入英国; 以鸦片贸易所得从中国输入大量丝茶又使英国政府每年增加数百万英镑的税收; 英属印度政府鸦片税收占其财政收入的 1/10 以上。这样,当清政府派林则徐至广东严厉查禁鸦片时,英国政府就悍然以武力发动了鸦片战争。

1801 ～ 1810A.D.

清朝

1801A.D. 清嘉庆六年
史学家章学诚去世。

1802A.D. 清嘉庆七年
六月，白莲教军首领樊人杰溺死。白莲教军基本溃灭。

1803A.D. 清嘉庆八年
安南阮福映请封并请改国号为南越。命改为越南。

1804A.D. 清嘉庆九年
史学兼考据学家钱大昕、书法家刘墉卒。

1805A.D. 清嘉庆十年
二月，英吉利随商船进表献物。是岁，《四库全书总目》作者纪昀卒。

1806A.D. 清嘉庆十一年
正月，以赛冲阿为钦差大臣，赴台湾督办军务。是岁，春末，李长庚大破蔡牵于台湾。

1808A.D. 清嘉庆十三年
七月，英吉利兵船泊香山县洋面，派兵分据澳门炮台，命严责令退出。

1801A.D.
夏多布里昂著成《阿达拉》。

1802A.D.
格罗泰芬特发明解楔形文字方法。
8月，拿破仑宣布为终身任期之执政。
约·道尔顿发表原子理论。

1804A.D.
哲学家康德卒。
5月18日，拿破仑宣布为皇帝，称拿破仑一世。《拿破仑法典》公布。

1806A.D.
8月6日，在拿破仑压力下，弗兰西斯二世正式宣称废除神圣罗马帝国，自此专任奥地利皇帝。10月14日，法军在耶拿与奥尔施塔德大败普鲁士，27日占领柏林。11月11日，拿破仑发布"柏林命令"，封锁英国，禁止大陆任何国家与英国通商，以此成立"大陆体系"。

1807A.D.
黑格尔发表《精神现象学》。

1808A.D.
3月，法军10万人入西班牙。
歌德著成《浮士德》第一部分。

1809A.D.
欧洲各国组第五次反法大同盟。

白莲教起义渐平

嘉庆六年（1801）六月，白莲教首领徐天德败死。

徐天德自起事后，转战于川、楚、陕广大地区。嘉庆六年（1801）五月，徐天德等据陕西白河县黄石坡，分股进取。德楞泰督官军尾追。徐天德东走西乡，又趋紫阳，被固原提督赛冲阿逼于仁和新滩。六月，暴雨水涨，徐天德遂在陕西西乡两河口赴水而死。各地白莲教起义军也处境艰危，日趋失利。

九月，白莲教军重要首领尤绍周从四川太平攻入湖北竹溪，同清军西安将军赛冲阿激战失利，走陕西平利。二十七日，尤绍周在平利所属汝溪、盘龙山、岳家坪一带，与赛冲阿、温春所率五路清军冒雪激战，兵败阵亡。

至嘉庆六年底，由于清政府采取剿抚并用、分兵合击、坚壁清野、结寨团练等政策，各地白莲教军相继失利。许多重要将领，例如高天升、张世陇、徐万富、王士虎、卜兴昂、王廷诏、冉天泗、赵志成、张允寿、张天伦、武怀志、王镇贤、徐天寿、王登高、郑三元等或战死，或被俘死。白莲教军已陷入困境。

嘉庆七年（1802）五月三十日，白莲教军首领樊人杰败殁。樊人杰是白莲教军重要首领，曾提出"过了戌亥年，赛过活神仙"的口号以鼓舞部众坚持斗争。本月，他与曾芝秀等于湖北竹山和参赞大臣德楞泰军相遇。樊人杰与曾芝秀率千余人走花梨沟，向深山逃脱，误入马鹿坪绝地，只好且战且退，转至沟底。

嘉庆三年（1798）镇压四川白莲教起义朱批奏折

官军与乡勇追至河边。樊人杰等与官军扭在一起，溜至急湍处，均为巨浪搏击下滩，杳无踪影。

嘉庆九年（1804）九月五日，清军统帅德楞泰进《余氛扫荡三省全功告蒇》折，标志着白莲教起义基本失败。不过，在深山老林中，白莲教余众仍坚持斗争。于是，额勒登保等又先后分路围击，直到白莲教军最后的首领苟文华、罗思兰、苟文润等被俘，历时9年、遍及五省的白莲教起义才告失败。

谈天三友领导中国数学

焦循、汪莱、李锐是清代中期三位最主要的数学家，他们对古代数学及西方传入的三角学等作了深入的探讨，取得了一定的成绩。他们曾在一起共同研究讨论了许多问题，三人之间建立了十分广泛的联系，时人称之为"谈天三友"，他们的工作代表了当时数学领域中的主要成就。

焦循（1763～1820），字理堂，号里堂，江苏扬州人，从读《梅氏丛书辑要》开始潜心于数学研究。他的数学著作有《里堂学算记》5种，包括《释弧》3卷、《释轮》2卷、《释椭》1卷、《加减乘除释》8卷和《天元一释》2卷，还著有《大衍求一术》1卷、《开方通释》1卷和《乘方释例》5卷等。焦循的研究涉及到宋元数学、球面三角学及椭圆等内容，尤以对《九章算术》的探讨最为突出，认为《九章算术》的总纲是加、减、乘、除四则运算。他掌握并且论述了算术

清代《衡斋算学》中关于李锐符号法则的记载

运算律，如数的反身性，加法、乘法的交换律和结合律，乘法对加法的分配律等等，对中国数学的发展有重要意义。

汪莱（1768～1813），字孝婴，号衡斋，安徽歙县人，曾参与编写《天文志》和《时宪志》，并从事过测量河道的工作。他于1796年和1799年分别完成《衡斋算学》第一、四两册，系统研究了球面三角形的解的存在性和求解及唯一性问题，这是对球面三角学的具有世界意义的伟大贡献。《衡斋算学》的第五册和第七册具体讨论了他在方程论方面的研究成果，即二、三次方程有一个或多个正根的条件和三次方程根与系数的关系。在《衡斋算学》第四册后半部分和《参两算经》中，汪莱还研究了组合与 P（$2 \leq P \leq 10$）进制数。这些都是中国算学史上的重要成果。

李锐（1769～1817），字尚之，号四香，江苏苏州人。他从自学《算法统宗》开始逐渐走上研究天文历法和数学的道路。其主要著作有《李氏遗书》11种18卷和《观妙居日记》，并主笔《畴人传》，被认为是清中期一全才人物。他的主要贡献在数学方程论方面，《开方说》3卷是其总结性著作，比汪莱的方程论更进一步，指出并说明方程除正根外，还有负根和重根，研究了方程的系数与正根个数的关系，得出与笛卡尔符号法则相一致的结论，还对方程的解法以及其他一些有关的问题作了论述。

章学诚论蒙学

清嘉庆六年（1801），清代浙东学术的重要传人章学诚去世。

章学诚（1738～1801），字实斋，浙江会稽人。他多年从事教学实践与研究的心血结晶——《论课蒙学文法》，是一部八股文教学的教学论专著，系统全面地展现了他在八股文教学中的理论。清代科举考试中八股文的地位日益提高，为蒙学教育中八股文作文的教学提出了迫切的要求。章学诚总结出八股文作文的教学方法和原理，对当时的蒙学作文教学产生了很大的指导作用。

针对儿童作文（主要指八股文）教学中的实际情况，他提出了26条有关作文方法的建议，涉及到作文法的各个方面。

他首先强调蒙幼初学作文，必须先"串经史而知体要"，打下坚实的基础；反对从时文下手的抄近道做法，认为"时文体卑而法密，古文道备而法宽"。他针对八股文须遵守固定格式、童子不易掌握的特点，主张分阶段学习，逐层深入。同时他强调八股文中的每个部分犹如呼吸一样，是一种完整有机的自然组合体，不可机械割裂，应注意掌握分段教学中的整体观念。他还以整体的观念设计儿童提高作文水平的过程：其一读《左传》，了解孔子及"四书"所言的依据，仿传例作文；其二读"四书"，习其"援经证传之文辞"；其三将《左传》、"四书"的议论分类诵习，"因事命题，拟为文辞"。他还谈到把握习文主题的具体过程：先使论事文畅茂条达；再类《春秋》人物，仿纪传之史，学习论人之文；然后再学数典；最后取所纂人物事迹，博采众家典籍，即可学叙事之文。

为引导学生掌握有关文章体裁的初步知识，他将文章分类，指出各类的特征，又归结总结叙事的各种技法。十分可贵的是他特别强调出为文章之道的真谛，即文章是内心情感的自然表现。

基督教禁教达到高峰

雍正、乾隆、嘉庆三朝，始于康熙的基督教禁教活动更加严厉。

雍正禁教除一般的政治、文化考虑外，还将皇族内部的权力之争迁怒于天主教。雍正二年（1724）初，将全国各地的传教士押送澳门或广州天主堂安插，禁止潜入内地，严禁分开传教。这疾风暴雨般的禁教活动使基督教被迫转入半地下状态，但30多万教徒多数仍坚持信仰，很少有退教者。不少西方传教士改头换面，潜回内地传教。而且雍正还在北京政府部门留下少量精通天文、历法、测量的传教士，因此，基督教难以真正禁止。

乾隆登基后，继续推行康熙、雍正的禁教政策。鉴于康、雍两朝禁教不绝的教训，乾隆于二十一年（1757）实行了"闭关"政策，防止外国传教士随外国商人潜入内地。闭关后，只有广州一个通商口岸，并且禁止商人登陆，只准在船上或广州十三行进行货物交易，并有专人看管，这样使传教士进入内地的机会微乎其微。

THE CHINESE CIVILIZATION

大
清
衰
弱
时
期

但是仍有少数外国传教士想方设法潜入内地传教，具有强烈排教倾向的地方官员对他们毫不留情，时有教案发生。福建巡府周学键抓住4名传教士，不顾乾隆的命令暗中将其处死；苏州也处死2名传教士。另外江苏、南京、北京、四川、山东等地都有教案发生，不过都将传教士押解澳门，真正处死的案例并不多。

经过种种打击，基督教活动完全转为地下，但仍很活跃，中国教徒组织起来保护传教士，终于在1784年引发了乾隆朝最大一起教案，在襄阳抓获一批澳门秘密派出的传教士，并在当地教徒家搜出圣经、圣像。乾隆大怒，下令全国大搜捕，将外国传教士押解出境，中国神父发配边地。这次全国性大教案，使基督教的传播更为困难，但也未能达到消灭地下教徒组织的目的。

嘉庆继位后，由于白莲教等民间宗教对清朝政府威胁越来越大，朝廷将

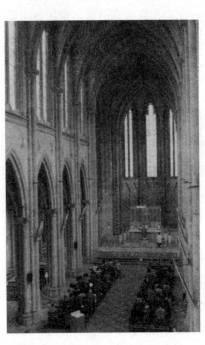

广东石室天主教堂

基督教也视为一种地下民间宗教，采取了更严厉的态度。1805年发生了全国性大教案，清政府制定了稽查西洋教章程，明令禁止西洋人刻书传教。1811年又发生一次全国性大教案，1812年发生了西藏齐马事件和贵州驱教案，1813～1814年又在湖北、广东发生多次驱教案。

雍、乾、嘉三朝禁教达到高峰，但并未使基督教活动根绝。至鸦片战争前，中国天主教徒达20万以上。这说明，宗教作为一种文化现象，绝不是行政方式或暴力手段所能消灭的。清政府在禁教的同时实行了"闭关"政策，断绝了中国与西方的联系，延缓了中国文明的发展，其危害作用却是难以估量的。

黑龙江哈尔滨东正教堂

阳湖派产生

　　清乾隆、嘉庆时期，当桐城派散文在文坛上影响极盛之际，阳湖文人恽敬和李兆洛、武进文人张惠言等在受桐城派影响的同时，提出了一些不同的主张。因阳湖、武进同属常州，故称之为阳湖派。

　　恽敬（1757 ~ 1817），字子居，号简堂。早年从事考据、骈俪之学，后受桐城派影响，改治散文。他主张为文要在文中兼及考据与经世之学，批评桐城派行文单薄和思想上专主孔、孟、程、朱的弊病。恽敬作文，气势刚劲开阔，尤以碑志之作最为人称道，如《大庾戴文端碑文》、《张皋文墓志铭》、《谢南园小传》等，峭洁精严，高古简奥。李兆洛（1769 ~ 1841），字申耆，晚号养一老人。嘉庆十年（1805）进士，曾任武英殿协修，后主讲江阴暨阳书院达 20 年之久。李兆洛精舆地、考据、训诂之学。为文主张混合骈、散两体之长。所作文章，大体上能贯彻自己的主张，如《举业筌蹄序》、《墨卷望气序》、《骈体文钞序》、《皇朝文典序》等，骈散兼济，事理交融。张惠言（1761 ~ 1802），字皋文。嘉庆四年（1799）进士，授翰林院编修。少为辞赋，词藻绝艳；后治唐宋古文，多沉锐洁净之作，如《游黄山赋》、《邓

石如篆势赋》、《送恽子居序》、《词选序》、《上阮中丞书》等，或恢宏绝丽，或温润朴健，格调颇为笃茂。

阳湖派的主张，不象桐城派那样拘谨狭隘，他们的作品，与桐城派互有短长。由于恽敬、张惠言曾接受桐城之学，故文学史家也把阳湖派看作是桐城派的旁支。

广东天地会起义

嘉庆七年（1802）九月，广东博罗天地会起事。

天地会是乾隆朝中期的民间下层秘密结社，最早活动于福建和广东地区水陆运输沿线。早期会员多为运输工人、小商贩、手工业工人、无业游民和农民。随着清政府镇压日益严厉，逐渐成为重要反清秘密组织。

广东博罗县天地会首领陈烂屐四、张锦秀等率会众起事，以红布包头，持器械，张旗帜，占据天险，众至万余。清廷命总督吉庆、巡抚瑚图礼调兵镇压。二十三日，张锦秀被俘。

次月五日，陈烂屐四战死罗浮山。这次起事波及东莞、博罗、石龙、增城、归善、龙门、河源、永安诸县，历时数月之久。起义军到处张贴对联，上边写：身背宝剑游我门，手执木棍打江山；英雄豪杰定乾坤，万里江山共一轮；争天夺国一枝洪，泄漏军机剑下亡，等等。另外，起义军还宣传八拜。事乱平息后，吉庆以疏防罪，被革去总督之职，自杀身亡。

天地会腰牌

越南定名

　　嘉庆八年（1803）四月六日，清廷诏改安南为越南。

　　越南先称安南。顺治十七年（1660）九月，黎维祺开始自称国王，并奉表贡方物。此后，安南国政权多有更迭。嘉庆七年（1802）十二月，阮福映占有安南全境，遣使入贡，进表文，请册封，并请改国号为"南越"。本日，爱新觉罗颙琰（仁宗）命改安南为"越南"。二十六日，又封阮福映为越南国王。

崔述辨伪

　　清嘉庆十年（1805），著名史学家崔述著成《考信录》一书。

　　崔述（1740 ～ 1816），字武承，号东壁。河北大名人。乾隆二十七年中举。早年遍览群经，发现百家注疏与经文差异较大，遂由怀疑而辨伪而考信。一生著述多达 30 余种，《考信录》36 卷，尤为生平心力所专注。

　　崔述是对先秦古史作系统考证的第一人。他的历史考证方法是"归正斥邪"。"正"指六经，"邪"指六经以外的传注、诸子、杂说等对历史的解释和杜撰。他的历史考证范围主要在于先秦"六经"所述古史踪迹，他认为晚出"六经"之外的一些关于古史的说法和描述，都有考证其真伪的必要。崔述所提出的这个史学理论问题，不仅在史书辨伪上，而且在历史认识上，都有宝贵的价值。

　　崔述的历史考证方法，还在于由辨伪书而辨伪史。他认为：《易传》、《左传》虽也说到包羲、神农、黄帝时事……但不尝过多铺张。《史记》始于黄帝……不敢上溯包羲、神农。但是这些"信史"之外的杂书如《大戴记》等，则专以铺张虚浮上古之事，因缘附会，妄造名号，伪撰事迹，阴阳神仙之事也随之泛滥……燧人氏，包羲氏，乃至天皇氏，盘石氏也都随之成为历史，这就紊乱了人们对于古史的认识。为了恢复上古信史面貌，崔述认为：只有《易》、《春秋》为近古，所述史实可信。其它则一律不可信，有待辨伪。

《考信录》在史学理论和方法论上有重大贡献。通过考辨，他指出：《尚书》开始于唐尧、虞舜，司马迁作《史记》开始于黄帝，谯周（著《古史考》）、皇甫谧（著《帝王世纪》）上推至伏羲氏，徐整（著《三五历记》）又上溯到盘古开辟之初。难道不是著史者愈往后，著的历史愈远吗？这个问题的发现和提出，在近代考古学兴起之前，是有着重大意义的。他的历史辨伪思想对后来古史辨派的产生起到了极大的启发作用。

清代后期篆刻艺术全盛

清后期的篆刻艺术中，邓石如、吴熙载继承由明何震开创的"徽派"传统，又别开生面。邓石如（？~1805），号完白山人，安徽怀宁人。自幼孤贫，爱好刻石。他曾客居江宁梅镠家8年，尽览其所藏金石善本，学成书法与篆刻。其篆刻庄严流利清新，人叹曰"千数百年无此作"。邓石如的篆刻，开皖派中的邓派，以小篆入印，强调笔意，风格雄健古朴，冲破了时人只取法秦汉古印的局限。吴熙载（1799~1870），字让之。他师从邓石如，并参汉印，用刀如笔，遒劲流利。其篆刻是他一生成就所在，学邓石如以小篆入印，在平稳中求意趣，运刀轻浅自如，端庄润雅，将邓派推向新境界，促进了晚清篆刻的发展。邓、吴共创"皖派"新风。

以丁敬为代表的浙江篆刻家群体——"西泠八家"则一变"徽派"之法，创造了独树一帜的"浙派"。丁敬（1695~1765），字敬身，号钝丁。其篆刻吸收秦汉古印的长处，尤擅以切刀

邓石如像

法治印，质朴劲健。他特别讲究刀法，善用切刀碎刀，又讲究分朱布白，风格平正古拙。"西泠八家"的其余诸家蒋仁（1743 ~ 1795，字阶平）、奚冈（1746 ~ 1803，字纯章）、黄易（1744 ~ 1802，字大易）、陈豫钟（1762 ~ 1806，字浚仪）、陈鸿寿（1768 ~ 1822，字子恭）、赵之琛（1781 ~ 1852，字次闲），钱松（1818 ~ 1860，字叔益）均有所创新，而尤以蒋仁的冷隽、黄易的渊雅、陈鸿寿的奇纵最为突出。赵之谦初学浙派丁敬，后师皖派邓石如、吴熙载，溶两派于一炉，并以汉印为根底，兼收秦权、量、诏版等文字，朱文白文无不精妙。

继起的吴昌硕虽深受"皖"、"浙"两派的影响，却能脱出，取法石鼓、封泥、钟鼎，集前人之大成，推陈出新，被视为一代宗师，学之者称"吴派"。

会稽赵之谦印信长寿（赵之谦）

曝书庯（吴昌硕）

磨兜坚室（蒋仁）

宦邻尚絅莱石兄弟图书（邓石如）

豆花村里草虫啼
（丁敬）

THE CHINESE CIVILIZATION

黄丕烈藏书

　　清代江南盛行私人藏书，苏州的黄丕烈最具代表性。他是乾嘉时最著名的藏书大家，号称一代藏书大宗。

　　黄丕烈（1763～1825），用号颇多，常见的有荛圃、士礼居主人、佞宋主人等。黄氏布衣一生，大部分钱财用于收购藏书，尤其酷嗜宋版善本。因为他收藏的宋版珍本有100多种，故取其一藏书室为"百宋一廛"，声名远扬。浙江的藏书家吴骞为了与之争胜，遂自题其室为"千元十驾"与之相敌，意谓千部元版足抵百部宋版，这件事成为藏书史上的一段佳话。黄丕烈还有一个癖好，那就是每得一佳书，必请亲朋好友一同鉴赏，并往来赠诗作画。更有趣的是，黄氏在每年岁尾都要举行祭书活动，其好友顾广圻就曾为此写过《士礼居祭书诗》，好书之癖，亘古未有。

　　黄氏的藏书地名号也多，除著名的"百宋一廛"外，还有士礼居、求古居、陶陶室、学山海居等，从一个侧面也反映了黄氏藏书之多。好友顾广圻曾撰《百宋一廛赋》，黄丕烈作注说明版刻内容及收藏传授。每得珍本，即作题跋，叙述图书收藏流传的经过和轶事，以及他多年积累下来的搜集、鉴定、校勘图书的经验和心得。对后世校勘和版本鉴定有一定的影响。后人将这些题跋编辑成书，如潘祖荫、缪荃孙所辑的《士礼居藏书题跋记》6卷（1884），缪荃孙所辑的《士礼居藏书题跋记续》2卷（1896）、《士礼居藏书再续记》2卷（1912）、《荛圃藏书题识》10卷（1916～1919），王大隆所辑的《荛圃藏书题识续录》4卷（1933）和《再续录》3卷（1940），总计800余篇。

　　黄丕烈藏书目录仅限于宋本，主要有《百宋一廛书录》（1803）、《百宋一廛赋注》（1804）、《求古居宋本书目》（1912）三种。黄丕烈晚年及身后，其藏书多为艺芸书舍、海源阁、铁琴铜剑楼等收藏。现多存于北京图书馆、上海图书馆、南京图书馆、北京大学图书馆、台北"中央图书馆"及日本的静嘉堂文库等。

　　黄丕烈还曾从事图书编印工作，刻有《汲古阁珍藏秘本书目》（1800）、

《延令宋版书目》（1805）、《藏书记要》（1811）、《百宋一廛赋注》（1805）等，并曾在苏州玄妙观察院场开设滂喜园书籍铺，精选所藏善本刊刻发行。

王念孙、王引之父子集乾嘉考据之大成

王念孙（1744～1832），字怀祖。江苏高邮县人。清代著名的音韵学家、训诂学家、校勘学家。官至工部都水司主事。嘉庆初年因永定河水异涨罢官。遂以著述自娱。著有《广雅疏证》10卷、《读书杂记》82卷、《方言疏证补》、《释大》和《毛诗群经楚辞古韵谱》等。王念孙学问师承戴震，以音韵之学为根基，对经传诸子最熟。曾辨析《诗经》、《楚辞》、《淮南子》、《易林》等书用韵，定古韵为21部。对古书文字之假借、声音之通转等亦研究颇深，超越前人。其音韵学强调就古音以求古义，而不必

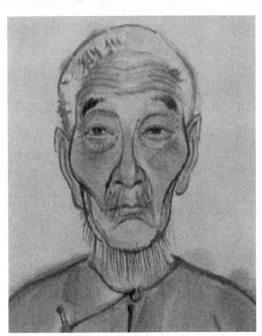

王念孙像

限于文字形体。又收集汉魏以前的训诂，详加考证，对后世影响极大。所著《读书杂记》校订古书的论误，疏解前人的疑义，考据确凿，极大地影响了校勘学的发展。

王引之（1766～1834），字伯申，王念孙之子。乾隆六十年（1795）乡试中举。历任直隶永定河后备道、礼部尚书、工部尚书。精训诂之学，以治经学而深究训诂之学，用训诂以说经，又用训诂以校正群经。著有《经义述闻》32卷、《经传释词》10卷。《经义述闻》所述，包括《易》、《书》、《诗》、《周官》、《仪

礼》、《大戴记》、《小戴记》、《春秋内外传》、《公羊传》、《谷梁传》、《尔雅》等书，考据有实，独有创见。其识见既熟于汉学的门户，而又不囿于汉学的藩篱，善于以声求义，发前人所未发。字有假借，则求其本字，以正其解，故成就最多。《经传释词》成书于嘉庆年间。该书收虚字160个，以单音虚词为主，偶及连用的同义虚词。如"庸"字后附有"庸何"、"庸安"、"庸讵"、"庸孰"四词。该书专为解释经传中的语词而作，自九经三传以及周秦两汉之书凡有虚词的文句都一一诠释，为后来研究虚词的人开辟了一条门径，贡献极大。

钱大昕研究古声母

钱大昕画像

清代对上古韵部的研究已相当全面深入，取得巨大成就，但上古声母的研究却没能引起清人的普遍重视。其中主要原因是上古声母的研究条件较差，它只能靠谐声偏旁、声训和异文等材料来考察，而同谐声偏旁的字不一定同声母，声训的训释字与被训释字也不一定同声母，异文材料又极其有限。

清人在声母研究中有所贡献，并值得称道的只有钱大昕一人。钱大昕（1728～1808），字晓征，号竹汀。江苏嘉定（今属上海市）人。学识渊博，在文字、音韵、训诂、天文、历算、地理、金石等方面都有成就，尤其精通史学。他所著《廿二史考异》100卷，是其考证历史的代表作。在考证方法方面，既比较异同，也进行专题研究。在考证内容方面，主要是官制、地理、氏族、年代，间或加以评述。在考证历史中他注意实事求是，即考究史实，不发空论。钱大昕还著有《十驾斋养新录》、《元史氏族表》、《元史艺文志》、《四史朔闰考》、《声类》、《潜研堂金石文跋尾》、《潜研堂文集》、《潜研堂诗集》等。他还参与修订《热河志》、《续文献通考》、《续通志》、《一统志》等。

钱大昕在音韵训诂方面成绩突出。他的音韵学著述《古无轻唇音》和《舌音类隔之说不要信》二文，明确地提出了"古无轻唇音"和"古无舌头舌上之分"两条上古声母的规律，至今为人们所遵从。

他认为上古只有重唇音"帮滂并明"，没有轻唇音"非敷奉微"；只有舌头音"端透定泥"，没有舌上音"知彻澄娘"。他运用古今声母不同的历史发展观点，列举谐声字、异文、通假字、古文读音和古反切、方音、声训以及梵文译音等大量材料，来证明这个观点，成为古声母学中的定论。他提出的"古无轻唇音"的规律，比西方类似的研究"格林定律"，早近半个世纪。此外，他还提出"古人多舌音"和"古影喻晓匣双声"等理论，认为知、彻、澄、照、穿、床六母在古代大多归于舌音；认为古人对"影喻晓匣"四个声母常不加区分，至东晋后才严格分开。

钱大昕在清代上古声母的研究方面首屈一指，直至清末时章太炎、曾运乾等才在他的研究基础上有所突破。

马礼逊入华

19 世纪初，清政府禁教甚严，英国牧师马礼逊经过多方努力才将基督新教传入中国内地。

罗伯特·马礼逊（1782～1834），生于英国北部，后加入伦敦布道会，1807 年奉派前来中国。当时英国东印度公司考虑到中国禁教规定，不肯售船票给他，他只好绕道美国来到广州。到中国后，他不能暴露传教士身份，便住在一家美国商馆里，一面学汉语，一面了解中国文化习俗。1809 年，马礼逊被英国东印度公司聘用为翻译，自此他以此身份在华 20 余年，一边经商一边传教。

马礼逊在华期间完成了两部重要著作，一是《新旧约全书》中译本，一是《英华辞典》。自明末西方宗教传入中国，200 多年来始终没有一部完整的《圣经》译本，只有一些残简断章在社会上流行。马礼逊参考了这些译文，决心译出《圣经》全书。经过 5 年努力，终于在 1813 年译出《新约全书》，又与前来协助他工作的米怜合作译出《旧约全书》。1823 年他将两书合并出版，命名《神天圣书》。《圣经》全译本的出版对基督教在华传播起到重要推动作用。以后，马礼逊又全力投入《英华辞典》的编写工作，为此参阅中文书籍达万卷之多。辞典共 6 册，注解详细，对中西文化交流作出极大贡献。

马礼逊在中国发展了许多新教徒。1814 年，印刷工人蔡高被他吸收为第一名中国教徒。雕版工人梁发经他培养成为第一位中国新教牧师，还写了一些宣传教义的小册子，其中《劝世良言》传到洪秀全手中，竟成为太平天国的思想武器。

西洋音乐进入中国

清代后期，随着教会音乐的传播和教会学校的建立，西洋音乐逐步进入中国。

教会音乐就是圣咏，即教堂的唱诗祷告，以及沿街布道时以风琴或其它乐器唱和的圣诗。所唱的诗大都是原文翻译，沿用原有圣咏曲调。自嘉庆十五年（1810）至光绪元年（1875）的 60 多年中，传教士在中国编印的书刊有 1000 多种，其中有很大部分便是圣咏书谱。为使中国人容易接受，有些传教士也曾以中国传统曲调填配圣咏和采用中西乐理对照的编写法出版圣咏书谱，如 1872 年出版的狄就烈的《圣诗谱》、1883 年出版的李提摩太的《小诗谱》和《中西乐法撮要》等。

为了系统培养掌握西方文化和音乐的人才，教会便在所创办的学校中，开设传授西洋音乐的课程,如上海的"汇文"、"慕真"、"育英"、"贝满"、"崇实"、"崇德"等教会学校，均设有音乐课程。1849 年由法国天主教耶稣会创办的徐汇公学，除设有多种音乐课程外，还组建了一支由学生参加的西洋管弦乐队，该乐队曾演奏过海顿的交响曲。1892 年,美国监理会教士林乐知创办中西女中，"教授西洋音乐"便是其办学四条宗旨之一；三门选课中，音乐是其中一门，并以钢琴为主，包括声乐或弦乐器，而约有三分之一的学生选学钢琴，且至少要 12 年，才达到琴科毕业（包括小学）。该校经常举办演奏会以使学生得到锻炼，每年还向全市举行一次公开的大型演奏会。这一时期，传入中国的西洋音乐，除圣咏外，大多是一些西洋通俗歌曲、舞曲和"沙龙音乐"。

英军侵澳门炮台

嘉庆十三年（1808）七月，英人进攻澳门炮台。

七月二十一日，英国商船带兵驶进广东香山鸡颈洋面。次月二日，英军300余人公然登岸，住居澳门三巴寺、龙嵩庙、东西炮台。声称"恐西洋人之在澳门者，被法兰西欺阻贸易。辄派夷目带领兵船，前来帮护。"澳民惊怖，纷纷逃匿。二十三日，英军又驾坐舢板艇驶进虎门，至省城外十三行停驻，要求在澳门寓居。两广总督吴熊光令英军撤出澳门，英军迟迟不动，直到十月间才开始撤离。后来，嘉庆帝以吴熊光在英军侵占澳门时表现怯懦，罢免其总督职务，不久又遣戍伊犁；广东巡抚孙玉庭也因此被革职。

次年二月二十六日，嘉庆帝就韩崶奏《查阅澳门夷民安堵并酌筹控制事宜》一折，在谕示军机大臣时，又涉及到上一年英军侵略澳门炮台问题。嘉庆帝说：澳门地面，西洋人旧设炮台六座，自伽思兰炮台至西望洋炮台迤南沿海一带，本有石坎，因形势低矮，上年英吉利夷兵即由此爬越登岸。这里应当加筑女墙一道，增高四五尺，长二百余丈，以资防护。

当年澳门一景

047

京师禁烟

嘉庆十五年（1810）三月二日，谕令京师查禁鸦片，缉获者重罚。

上个月，京师广宁门巡役人等盘获杨姓身藏鸦片烟6盒，庆桂将其事上奏。

嘉庆帝谕示内阁：鸦片烟性最为酷烈，食此者能骤长精神，恣其所欲，时间长久便会危害人的生命，是败坏社会风俗的最大祸害，早就应当在查禁之例。该犯杨姓胆敢携带进城，实属藐视法律，著即交刑部严审办理。最近听说京师购食鸦片烟的人很多，奸商牟利贩卖，接踵而来。崇文门专理税务，仅在所属口岸地方稽察，恐怕难以周到。仍著步军统领、五城御史在各门禁严密查访，一有缉获，即当按律惩治，并将其烟物毁弃。至于闽、粤生产的地方，也要严令该地督、抚、关差查禁，断其来源。不得把这一切当成空文，任贩卖、吸食者们偷运鸦片。

但是，鸦片未能禁止。嘉庆十八年（1813）六月，查出军丁人民、侍卫官员、内廷太监均有吸食鸦片者，嘉庆帝遂命订立科条，严加惩处。七月十日，刑部遵旨议定，侍卫官员买食鸦片者革职杖一百，枷号两个月；军民等杖一百，枷号一个月；内廷太监枷号两个月，发往黑龙江给官方为奴。

清朝

1811A.D. 清嘉庆十六年

七月，令各省查禁西洋人并禁民人习天主教。

1813A.D. 清嘉庆十八年

伊犁将军晋昌以干预俄罗斯与哈萨克之争，降调。七月，申禁鸦片，定官民吸食者罪。

1814A.D. 清嘉庆十九年

闰二月，辑全唐文成。

1815A.D. 清嘉庆二十年

经学兼小学家段玉裁卒。文学家姚鼐卒。

1818A.D. 清嘉庆二十三年

金石兼书法家翁方纲、经学家孙星衍卒。

1820A.D. 清嘉庆二十五年

七月，仁宗卒。八月，皇二子智亲王旻宁嗣，是为宣宗成皇帝，次年改元为道光。

1811A.D.

自本年冬至次年春有"鲁德党"在约克夏（郡）、兰开夏、德尔比夏、勒斯特夏等地四出捣毁机器以泄忿。

1812A.D.

拿破仑亲率大军50万侵入俄国。9月7日，与库图索夫所统率之俄军战于波罗金诺，双方损失惨重。9月14日，法军入莫斯科。10月19日，拿破仑被迫撤退。

6月18日，合众国向英宣战。战争初期美国在海上颇有胜利。美史以此为"第二次独立战争"。

1814A.D.

3月末，联军入巴黎。4月11日，拿破仑逊位，联军予以厄尔巴岛。

1815A.D.

司各特创作小说。拜仑、华滋华斯创作诗歌。

3月1日，拿破仑在法国南部之港口康登陆，3月20日入巴黎，6月18日，入比利时，在滑铁卢为普将布律赫与英将威灵顿大败。6月22日，拿破仑第二次逊位。

1817A.D.

黑格尔著成《哲学全书》。

1819A.D.

英人统治全印度之势成。

1820A.D.

雪莱·洁慈制作诗歌。

癸酉之变震动全国

嘉庆十八年（1813）九月，京城爆发"癸酉之变"，震动全国。

自八卦教第二代教首刘儒汉开创了教权以血缘关系为纽带的世袭制以来，各卦首领纷起效尤，出现了刘姓、郜姓、侯姓、王姓几个大的教权家族。但因八卦各派实力不同，影响不一，各个教权家族也有兴有衰，其内部难免有争权夺利之风。特别是在乾隆中叶"邪教案"中教首刘氏家族由盛转衰，八卦教受到严重打击时，八卦教各派的分裂也日益严重。虽震卦、离卦、坎卦因实力较强与乾嘉农民运动关系密切，创造了可歌可泣的业绩，但作为都不大。一直到林清加入八卦教并为坎卦派之首，与震卦首领李文成联合，才形成八卦教各派重新统一的形势，终于在嘉庆十八年（1813），开创了震动全国的"癸酉之变"壮举。

林清于嘉庆十一年（1806）入八卦教，嘉庆十四年（1809）担任京南坎卦长，十八年（1813）收编红阳教李老一支归属到八卦教，教徒中有官僚如曹纶，亦有宫内太监，人员来源广泛，势力也日益壮大，活动中心在大兴县。当时河南的震卦首领李文成，以滑县为中心形成可观势力，影响也较大。考虑到八卦教各派分裂，势力分散，难成大气候，李文成和林清于嘉庆十六年（1811）正式联合，使八卦教各派重新趋于统一。

其时满清王朝虽属"乾嘉盛世"，实质上已经开始走向衰落，八卦教也在整体上由一种民间宗教运动转化为农民革命运动，于乾隆三十九年（1774）

清人金尊牟所绘《货郎图》

在清帝国腹地寿张、阳谷、堂邑三县发起了引起社会极大震动的清水教起义，虽遭清重兵围剿而宣告失败，但也给了八卦教众一些经验和启示。所以，嘉庆十八年（1813），林清等人考虑到时机已成熟，便确定以"奉天开道"为旗帜，取代清政权，建立八卦教天下的具体计划。众头目中林清、冯克善是文圣人和武圣人，李文成、于克敬、冯学礼分别是天王、地王和人王，宋元成是元帅，牛亮臣为宰相，八卦卦长称八宫王。为了表明上合天理、下顺民情之意，他们又将八卦教改称为天理教，俗称在理教。同年九月十五日，六七十名天理教徒发动京城之变，攻入紫禁城东华门、西华门，直插清廷皇宫重地，经过浴血奋战，终因力量悬殊，宣告失败。十七日林清被捕，清廷开始对大兴、通县一带的八卦教众进行大肆搜捕，短短4天内就屠杀了700余人。为响应林清的京城起义，直、鲁、豫三省的八卦教徒在华北10几个州县先后起事，声势浩大，震惊朝野。可惜因力量对比太悬殊，在短短半年内便宣告失败，起义首领们都被处死。因1813年为癸酉年，故史称"癸酉之变"。

　　"癸酉之变"这场由八卦教发起的较大型农民暴动震撼了华北大地，约有七八万人惨遭屠戮。

钻井技术进步

　　清代中国钻井技术又有了进一步提高，其中尤其值得注意的是凿井工具转槽子已逐渐定型，补腔和打捞技术亦完善起来，打出了千米以上的深井。

　　转槽子是清初在明代撞子钎的基础上发展而成的，它由一扁长的铁条和附加部分组成，外壳是竹的，形似腰鼓，其上系绳索，下连钻头（即所谓的"锉"）。兼有吊锤、指示、震击、校正、松卡等功能。转槽子是我国古代劳动人民的杰出创造，在世界深井开凿史上占有重要的地位。

　　清代钻头也有了不少的改进。明代钻头主要有大小之分，"大窍，大铁钎主之；小窍，小铁钎主之"。清代钻头则形式较多，如自贡地区有鱼尾锉，下石圈后用来锉大口等；银锭锉，主要用于凿小眼；马蹄锉，主要特点是能使井眼圆滑；垫根子锉，兼具银锭锉和马蹄锉的一些优点。

　　清代盐井的补腔技术亦有很大的发展。由于钻井工具、补腔技术以及打捞技术等的发展，故井深亦不断增加。道光十五年（1835），焱海井凿及1001.42米，到达三迭系嘉陵江组地层的中部。焱海井的凿成，标志着我国古代钻井技术已发展到了一个新的阶段，在当时世界上也是遥遥领先的。

明安图、董祐诚计算级数

无穷级数是微积分学的组成部分，在数学史上是从离散走向连续的桥梁。中国数学虽然未能进入微积分全部发展的时代，但是在无穷级数上却独树一帜。早在清康熙—乾隆、道光年间，就有数学家明安图和董祐诚致力于计算级数。

明安图（约1692～1763），字静庵，奉天蒙古正白旗人，蒙古著名科学家。他早年进入清宫学习天文历法和数学，参与过《律历渊源》、《历象考成后编》及《仪象考成》等大型丛书的编写，并在康熙年间参加过两次大地测量。对于天文历法、地图测绘和数学都有过贡献。

康熙四十年（1701），来华的法国传教士杜德美（1668～1720）向中国学者介绍了关于圆周率、正弦、正矢的三个无穷级数展开公式，梅珏成将它们译载于《赤水遗珍》中，称为"杜氏三术"。明安图对只有公式没有证明的"杜氏三术"不满足，下定决心将它们搞清楚。他花费了30年对此进行研究，著成《割圆密率捷法》。《割圆密率捷法》共4卷，在杜氏三术的基础上又给出六术，全部为三角函数的无穷级数展开式，并且全部（包括杜氏三术）都有证明，并有不少重要创见。他发展起来一种涉及几何、代数、三角和幂级数的综合方法——割圆连比例法，目的是通过建立几何模型把三角问题转化成代数问题，从而建立起幂级数公式。他创造了无穷级数的记法，并正确地做了无穷级数的加、减、数乘、项乘（即用多项式乘无穷级数）、自乘以及两级数相乘等运算。明安图的这些工作，给中国数学家们开辟了一个广阔的天地，从此后，中国数学开始了由离散、有限、常量的传统领域向无限、变量、连续的领域过渡的艰难历程。明氏的首创之功不可磨灭。此后，董祐诚又在这方面做了进一步的探讨。

董祐诚（1791～1823），字方立，江苏常州人。他从小学习数学，长大后"尽通诸家法"，数学著作有《割圆连比例图解》3卷、《椭圆求周术》1卷、《斜弧三角边求角补术》1卷和《堆垛求积术》1卷。其中《割圆连比例图解》研究的是无穷级数。

董祐诚和明安图研究同样的问题，但他有自己独到的见解，受明氏影响不大。因为他著书之前未读明氏著作，只是从《赤水遗珍》和张豸冠的抄本中知道只有公式、"别无图说"的杜氏三术和明安图六术，故"仅覆寻绎、究其立法之原"而著成《割圆连比例图解》。董祐诚先找到了一段圆弧的弧矢与其几倍弧的弦矢之间的关系，用割圆连比例方法得出两个幂级数，又通过反演获得另两个级数，因而获得全部杜氏九术。出发点和思路虽不同于明安图，但却得出了同样结果。

"四大镇" 名扬天下

清代市镇经济迅速发展，尤以"四大镇"——景德镇、朱仙镇、汉口镇、佛山镇最为闻名。景德镇原名新平镇，宋景德时因承造御用瓷器出名而改称，当时只是一个瓷器集散市场。至明清时期则窑灶林立，"烟火逾十万家"，成为全国最大的瓷器产地和集散地。朱仙镇，南宋时岳飞追击金兵至此还是一片荒村，元代凿开贾鲁河，成为通往开封的水陆转运点，明清时期发展为商业大镇。汉口镇，明初还

清代景德制陶图中的交易场面

是汉阳城外荒郊，明成化年间汉水改道，因其地处江汉交汇点，商贾日盛，人口大增，嘉靖年间成为镇。至清代乾隆三十七年（1772）有居民32209户，嘉庆十八年（1813）更增为36929户，号称"九省通衢"，成为长江中下游第一大埠。佛山镇，宋为墟，明代宗时尚称乡、堡，清初成为镇，民户达万余家，"工匠冶炉之巧，四远商贩恒辐辏"。

THE CHINESE CIVILIZATION

佛山南风古瓷窑遗址

"四大镇"名虽为镇，实已成为全国性的商业城市和手工业城市，对促进小商品生产和手工业从农业中分离出来起了极大的作用。

明清是市镇经济迅速发展时期。市镇的发展仍以江南为盛，江南八府一州明后期有市镇 329 个，至清乾隆嘉庆，增至 517 个，约有 20 个已是千户以上的大镇。这些市镇多由农村市集发展而来，但有些已全属新兴。

市镇经济的发展，在原有的城市和墟集之间形成一级市场，形成了城市、市镇、墟集三个层次的商品流通网络。手工业市镇的兴起，更有促进小商品生产和手工业从农业中分离出来的作用。

段玉裁注《说文》并发展古音学

清嘉庆二十年（1815），著名的文字声韵训诂学家段玉裁去世。

段玉裁（1735～1815），字若膺，号茂堂，晚年又号砚北居士、长塘湖居士、侨吴老人。江苏金坛县人。乾隆二十五年（1760）乡试中举，此后屡试不中。段玉裁精通音韵与训诂之学，著有《古文尚书撰异》、《毛诗古文训传定本》、《诗经小学》、《春秋左氏古经》、《六书音均表》及《说文解字注》等 30 余种。

段玉裁花了 30 多年写成《说文解字注》。他从校勘刻本文字，考究《说文》体例入手，对全书详加注解，引据经传进行诠释。分析文字的形、音、义，以许慎所加字义为字之本义，进而推衍其引申义、假借义，并定其古韵部属。考证详明，博大精深，创见极多，为清代百余种同类著作中最著名者之一。

《六书音均表》集中反映了段玉裁对古音学的研究成果。全书由 5 个表构成：今韵古分十七部表、古十七部谐声表、古十七部合用分类表、诗经韵分十七部表、群经韵分十七部表。并有论述和说解。段玉裁的古音学研究比顾炎武、江永等人又大进了一步。他提出"同谐声者必同部"的著名论断，

大清衰弱时期

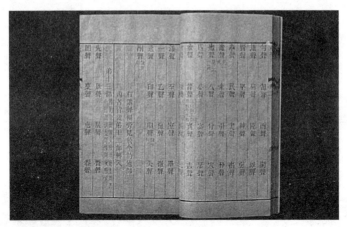

嘉庆道光年间七叶衍祥堂刻本《六书音均表》

首次肯定了谐音偏旁同古韵有全面对应关系，首次将《广韵》支佳等三组韵归为一部，为后世学者所称道。

查禁鸦片

嘉庆二十年（1815）三月，清廷颁定查禁鸦片令。

嘉庆十八年（1813）七月十日，清政府规定：侍卫官员买食鸦片烟的革职仗一百，加枷号两个月；军民人等杖一百，加枷号一个月。本月，两广总督蒋攸铦疏陈查禁鸦片烟章程，请于西洋货船到澳门时，先行查验，并明立赏罚，使地方官知所惩劝。二十三日，嘉庆帝谕示：鸦片烟一项，流毒甚炽，多由夷船夹带而来。嗣后西洋货船至澳门时，自应按船查验，杜绝来源。至粤省行销鸦片烟，积弊已久，地方官皆有失察处分。恐伊等瞻顾因循，查拿不力，嗣后有拿获鸦片烟之案，除查明地方委员等，有得规故纵情事应严参办理外，其仅止失察者，竟当概行宽免处分。至所请拿获兴贩烟斤，自二百斤至五千斤以上，分别记录加级及送部引见，并军民人等拿获奖赏，以及诬良治罪之处，俱著照该督等所请办理。

嘉庆二十四年（1819）闰四月，贝子、二等侍卫德麟因御殿时迟到并服食鸦片烟，被革去职爵，责四十板，在家管押。

阮元校刻《十三经注疏》

清嘉庆二十一年（1816），在江西巡抚阮元的主持下，《十三经注疏附校勘记》重新刊刻于江西南昌学堂。

《十三经注疏》原有南宋十行本的合刻本，但辗转翻刻，讹谬渐多。至嘉庆时，仅存十一经。在此基础上，阮元罗致学者，将此十一经和宋刻《仪礼》、《尔雅》两书的单疏本合为十三经重新校刻，并将旧日所作《十三经校勘记》分别抄录，附于各卷之后。世称"阮刻本"。

《十三经注疏附校勘记》汇编了13部著名的儒家经典及其注疏，包括《周易正义》10卷、《尚书正义》20卷、《毛诗正义》70卷、《周礼注疏》42卷、《仪礼注疏》50卷、《礼记正义》63卷、《春秋左传正义》60卷、《春秋公羊传注疏》28卷、《春秋谷梁传注疏》20卷、《论语注疏》20卷、《孝经注疏》20卷、《尔雅注疏》10卷及《孟子注疏》14卷，共416卷。

阮元校刻的《十三经注疏附校勘记》是其几十年努力的杰作，它熔古今经传校勘成就于一炉，吸收了南宋绍熙《十三经注疏》合刻本以来的所有成果，成为《十三经注疏》的较好版本。

阮元以乾嘉汉学终结者的角色出现于学术史上，对乾嘉时代的学术作了集大成的总结，对整理、汇编和保存中国儒家经典及其注疏的文化遗产起了重要作用，惠及后世。

责令英使亚默尔斯回国

嘉庆二十一年（1816）七月八日英使亚默尔斯被令归国。

本年正月十二日，英国政府派遣亚默尔斯使团一行600余人，由英国启程前来中国。本月六日，抵大沽口外，清廷派工部尚书苏楞额等负责接待。

使团企图要清朝割地给英国，并允许在一些地方通商，优待免税或减税。而觐见礼节问题则成为争执焦点。抵达京师后，清廷又派理藩院尚书和礼部尚书迎接，劝说亚默尔斯觐见时一定要行三跪九叩首礼。亚默尔斯表示不能同意。英使到达天津后，嘉庆帝派官吏前往赐宴。不料英使在谢宴时，并不遵照清朝礼节行事，即不行三跪九叩首礼。嘉庆帝先是以远国小臣，未娴仪度，可从矜恕，后又特命大臣在英使将要抵京之时，告以乾隆五十八年英使所行三跪九叩首礼，并强调英使必须行此礼。清廷安排会见英使的日程是：七月七日，令英使瞻觐；八日，在正大光明殿赐宴颁赏，再于同乐园赐食；九日，陛辞，并于是日赐游万寿山；十一日，在太和门颁赏，再赴礼部筵宴；十二日，遣行。谁知七日瞻觐之时，英使已至宫门，嘉庆帝也将御殿，才知英使拒绝行三跪九叩首礼。清朝大臣不得不以英国正使、副使都患急病，不能移动为由，上奏嘉庆帝。嘉庆帝遂责令英使回国，还强调说：嗣后毋庸遣使远来，徒烦跋涉，但能倾心效顺，不必岁时来朝，始称向化也。又命将带领英使误事的工部尚书、镶红旗汉军都统苏楞额，理藩院尚书、镶白旗汉军都统和世泰，礼部尚书、镶黄旗汉军都统穆克登额，给予降职处分。

亚默尔斯像

八卦教刘氏家族覆灭

大清衰弱时期

清代前期的民间宗教往往比明代更加具有反抗精神，通常采取武装对抗的手段，其改朝换代的政治目标较之求福升天的宗教目标更为强烈，八卦教就是如此，而且创始并执掌八卦教的刘氏家族有明显的排满兴汉、反清复明的思想，激化了与清廷的矛盾，使清廷对它及其余的民间宗教制定了严厉镇压、禁绝灭除的政策，不遗余力地查禁取缔，严密防范，稍有反抗就无情镇压，株除务尽。在这种背景下，八卦教教权刘氏家族在坚持斗争100多年后终于覆灭。

八卦教创始人刘佐臣死后，其子刘儒汉承袭父业，成为第二代教首，掌教30余年，死于乾隆元年（1736）。他开创了以血缘关系为纽带的教权世袭制，掌权时八卦教势力范围已扩大到冀鲁豫以及陕甘一带。其子刘恪掌教约20余年，刘恪之子省过为第四代教首，掌教15年。期间，清廷查获李孟炳等人所带"邪书"《训书》，内有反清思想，顺藤摸瓜，究出大教主刘省过，揭开了八卦教的内幕，刘省过因此死于乾隆三十七年（1772）。"邪书案"使八卦教受到严重打击，其教众或折或配，刘氏家族由盛转衰。

第五代八卦教传人刘二洪（刘省过逃亡之子），传教不到9年，即遇他的教头目段文经劫狱失败事件，和其兄弟、母亲被抓获处死。以后教首传人刘廷献、刘成林都为刘氏家族成员，但教权已旁落。嘉庆二十二年（1817），刘成林等人遇害，至此，刘氏家族不复存在。

清末医生所用的出诊药箱

各教教徒交经具结

嘉庆二十一年（1816）十二月间，湖北省传习白莲教的364人，在地方官劝令下，纷纷交出经卷，具结呈悔。次年正月五日，该省沿习天主教的，又有37人将经卷、十字架、图像等交到官府，还有10余人交出大乘经卷。

为此，嘉庆帝谕军机大臣：直隶、山东、河南、山西等省，向来信教者最多，这些省的督抚应仿照湖北作法，明白出示晓谕，如真心悔悟，将经卷及有关教书到官投缴，出具改悔甘结，免其治罪。嘉庆帝还强调，对于白莲等教，所以严拿务获者，系是从逆者，不是习教者。

《理藩院则例》订成

清初，清政府在中央设立与六部并列的理藩院，专门管理蒙古、新疆、青海、西藏等少数民族地区事务，随后开始制订民族法规。康熙时期，理藩院将清太宗以来相继发布的125条有关蒙古的法令编汇为《则例》。乾隆时期，理藩院制订更多关于西藏、蒙古事务的法律，民族立法走向系统、定型和完备的阶段，较有代表性的有《蒙古律例》和《钦定西藏章程》。这些民族立法活动为《理藩院则例》的制订打下了良好的基础。

嘉庆十六年（1811），理藩院以《蒙古律例》为基础，开始编纂《理藩院则例》。嘉庆二十二年（1817），《理藩院则例》编成，并刊刻颁行。

《理藩院则例》共173条，分成"通例"上下和"旗分"等63门。内容涉及行政、民事、刑事、军事、司法制度等各方面，规定了理藩院及其所属与下属机构的编制与职责权限；确立了蒙古、西藏地区的职官制度，还具体规定了驻藏大臣和西宁办事大臣的设置和权限；建立和健全了蒙古、西藏与青海地区的户口管理、地亩、仓储、征赋、俸禄、朝觐、贡输、宴赉、扈从、仪利、印信、婚礼、赐祭、旌表、优恤、会盟、军政、邮政、喇嘛事宜等制度。此外在司法和刑法制度上，注意协调民族立法与内地律例之间的关系。

《理藩院则例》是清代民族立法的代表性法规，它的订立加强了清政府对蒙古、西藏、青海地区的行政、司法各方面的管辖权。

此外，嘉庆十九年（1814）理藩院还制订了《回疆则例》，详细规定了维族地区的职官制度，以及年班、赏赉、度量衡、货币、赋役、贸易、驻军管理等各项制度。由于刊刻印行（1843）较晚，作用并未发挥出来。但是《回疆则例》作为适用于维吾尔族的专门立法还是具有重要的历史价值的。

近代汉字印刷开始

最早将西方铅活字和铜模引入中国的是西方传教士。铅活字即凸版印刷，其发明人是德国人谷腾堡。而将第一套中文铅活字传入我国的是英国伦敦布道会传教士马礼逊。嘉庆二十四年（1819），由中国刻工蔡高铸字、马礼逊在马六甲印刷所印成第一部铅字中文书籍《新旧约圣经》，同时英国人马士曼也在澳门浇铸铅字排印了《圣经》。1838年，英国人戴约尔在香港刻出中文字模1845个。1844年美国长老会在澳门开设花华圣经书房，继戴约尔之后完成4700个字模的刻制，称为"香港字"，用来排印圣经，也对外出售汉字。美国工程师姜别利始创电镀中文字模，先以黄杨刻字，间接镀铸，后改用铅字刻坯，直接电镀紫铜，镶以黄铜外壳，使雕刻工夫大减，并制定铅字7级标准，奠定了汉字铅字基础。他还根据汉字用字的频度，将汉字分为常用、备用、罕用三类，发明以20盘常用字为中心的元宝式排字架，大大提高了排字检字的功效，成为此后沿用百年的中文字架的雏形，这些改进有利于铅活字印刷术在中国的推广。1900年后，纸型铸版的方法开始广泛使用。这种方法脱胎于复制泥版的方法，由法国人谢罗发明。采用这种方法每版可浇铅10余次，无须保留铅版，仅留纸型，可随时浇铸使用，大大缩短了印刷周期。这种方法后被商务印书馆采用。

中国近代民族印刷业则始于洋务运动。上海江南制造局1865年设立印书处，除铅字排印设备外，还试制照相铜锌版。中国人自己铸选活字印书始于道光三十年（1850），当时广东有唐姓印工仿铸锡活字印书，具有较大规模的印刷厂则首推商务印书馆，它由排字工人夏瑞芳、鲍咸恩、鲍咸昌等于1897年创办，陆续引进当时世界先进的凸印设备，此后铅活字在中国得到推广。铅活字的推广促使印书的字体增加，最早沿用的字体是正楷体，后增加偏正体，后有人用魏碑体，自上海中华书局（1912年创办）印行《四部备要》，则大兴仿宋体，并沿用至今。由于西文印刷品的增加，更由于数算之书特殊排版方式的冲击，不可避免用自左至右的横排方式，导致横排中文书的出现，发展至今，几乎完全取代了竖排方式。

《曝书杂记》成书

钱泰吉（1791～1863），字辅宜，号警石，又号深庐，浙江嘉兴人。他著的《曝书杂记》3卷，以百余条杂记生动地记述了其所知见的各类书籍的著述情况、传刻源流、体例、内容要旨、校勘及版本异同；学者的校勘工作；历代刻书、抄书、藏书情况；历代版本学者的学术研究活动，等等。是清代重要的目录学著作，对后世有一定的影响。

道光即位

嘉庆二十五年（1820）七月，爱新觉罗颙琰（仁宗）巡幸木兰。十七日，驻跸避暑山庄。次日，突然发病，医治无效，宣告驾崩，享年61岁，在位25年。

八月二十二日，移梓宫还京师。十月二十一日，上尊谥睿皇帝，庙号仁宗。翌年（1821）三月二十三日，葬于昌陵。

本年八月二十七日，次子旻宁御太和殿，即皇帝位（即宣宗），以明年为道光元年。

道光帝是嘉庆帝第二子，乾隆四十七年八月十日生于皇宫撷芳殿中所。他年幼时勤奋好学，童年时代还练习过骑马射箭，9岁时他曾随从祖父乾隆帝外出打猎，并亲自射中了一只鹿，受到乾隆帝赞赏，得到了黄马褂、花翎的赏赐。

061

嘉庆十八年九月，天理教徒攻打皇宫，攻入内右门，已经到了养心殿的南面。旻宁正在书房看书，听到喧闹声，提着鸟铳和弓箭走出来，亲手打死了两个天理教徒。这一事件后，他被封为智亲王。并于嘉庆四年（1799）四月十日被秘密立储。

　　嘉庆帝临死前，召御前大臣赛冲阿、军机大臣托津、总管内务府大臣禧恩等人，公启带在身边的秘密建储匣，宣示御书秘旨，立旻宁为皇太子。

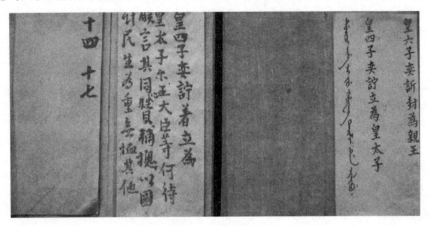

清道光皇帝的立储密旨，左侧为他临终前的笔迹。

兵部遗失行印

　　嘉庆二十五年（1820）三月，兵部遗失行印案发。

　　嘉庆二十四年八月二十八日，嘉庆帝木兰秋狝驻跸巴克什营行宫，随营携带钤用兵部行印，因书吏俞辉庭在帐房中熟睡，造成行印被窃。行印遗失后，俞辉庭用备匣加封顶充，并贿赂兵部堂书鲍斡含混接失。当月司官未开匣验视即入库。鲍斡又做手脚以使行印似在库中被窃，以图推卸责任，致使行印失落半年之久才败落。本月八日，兵部尚书明亮降五级，后又以刘镮之为兵部尚书。其他各有关官员都相应降革。命礼部补铸兵部行印，又定拜印时堂印与行印同捧至大堂启椟拜瞻。

经学家孙星衍去世

　　嘉庆二十三年（1818），经学家孙星衍去世，终年66岁。

　　孙星衍（1753～1818），字渊如，江苏阳湖人。乾隆五十二年（1787）进士，授翰林院编修，后任山东布政使。为官清廉，不谀权贵。

　　孙星衍治学范围广泛，经史、文字、音训、诸子百家、金石碑刻，都有涉及，且取得显著成就；还工篆隶，擅诗文，精考据，喜藏书。他曾积22年之功，撰成《尚书今古文注疏》，集《尚书》研究之大成。

　　此外，他还有《周易集解》、《金石萃编》、《尔雅广雅训韵编》、《史记天官书考证》等著作传世。

清代陕西民间皮影戏《人面桃花》

1821 ~ 1830A.D.

清朝

大清衰弱时期

1821A.D. 清宣宗成皇帝旻宁道光元年

美国水手殴死广州民妇，命依律处绞。

1825A.D. 清道光五年

十一月，封郑福为暹罗国王。

1827A.D. 清道光七年

正月，和阗回民缚献张格尔所派之和阗王子约霍占于长龄军营。十二月，张格尔被俘于喀尔铁盖山，解京磔死。

1829A.D. 清道光九年

《皇清经解》编成。

1821A.D.

商坡灵发明辨认埃及象形文字之方法，于后来"埃及学"之发展贡献甚巨。拿破仑去世。法拉迪发现电磁原理。

1822A.D.

普希金作《叶甫盖尼·奥涅金》。

1823A.D.

希腊败土军于米梭仑基。英国名诗人拜仑于本年来希腊，参加革命战争，次年病卒于米梭仑基。合众国总统门罗发表"门罗宣言"。

1824A.D.

英国空想社会主义者欧文在印第安那州（密西根湖南）购地一块，实验其所主张之公社，命名为"新和谐"，慕名来集者40余日即达600人，约2年失败返英。

1825A.D.

不满沙皇统治之贵族，在进步军人伯斯特尔领导下，于12月26日起事于彼得堡。事败，死者甚众，号称"十二月党人起义"。联合王国经济危机爆发，股份公司与银行倒闭甚多。

1826A.D.

库柏作边疆小说。罗巴切夫斯基发展非欧几何。

1827A.D.

德国作曲家、维也纳古典乐派及向浪漫主义乐派过度时期的代表、伟大的音乐家贝多芬卒。

欧姆定律提出。

1828A.D.

大仲马作《三个火枪手》。

1830A.D.

巴尔扎克开始创作《人间喜剧》。

《绣谱》传刺绣工艺

　　道光三年（1823），刺绣女工艺家丁佩（字步珊，上海人）著《绣谱》一书，以绘画、书法、诗词、建筑等艺术与刺绣工艺相比较，阐述其规律，总结我国民间刺绣工艺的技法和美学特点。

　　全书分为6个部分：一、择地，强调刺绣的环境须闲、静、明、洁；二、选择，强调绣稿须审理、度势、剪裁、点缀、崇雅、传神；三、取材，说明丝线、绫缎、纱罗、绣针、剪刀、绷架等刺绣材料及工具；四、辨色，说明红、绿、黄、白、蓝、黑、紫、藕色、赭、牙色、灰色、酱色、月白、天青、金银等18种色彩的特点和用法；五、程工，说明刺绣的工艺技法及齐、光、直、匀、薄、顺、密等标准；六、论品，以文品之高下、画理之浅深将刺绣分为能、巧、妙、神、逸5个品评档次，精工、富丽、清秀、高超4个品格。

　　《绣谱》条理清晰，深入浅出，对刺绣的发展具有指导性作用。

清代玄青地潮绣金龙对襟女坎肩

清代宝蓝地金银钱绣整枝荷花大镶边女氅衣

平定张格尔叛乱

道光四年 (1824) 九月，回首张格尔举兵回疆，兵败被擒。

回疆自乾隆二十年 (1755) 勘定后，设办事领事大臣、参赞大臣，各级伯克隶属之。张格尔为大和卓布拉尼敦之孙。自乾隆朝大小和卓被平定后，布拉尼敦之子萨木萨克逃居浩罕，生3子，张格尔即其次子。张格尔夙有政治野心，时刻准备潜回南疆。他利用和卓后裔在维吾尔民族中的影响，以迷信手段收买人心。嘉庆二十五年（1820）九月，张格尔在英国支持下，由浩罕入扰新疆南部。张格尔率兵 300 余人，将图舒克塔什卡伦官兵杀伤，并将伊斯里克卡伦马匹抢去。后来由于清军采取了措施，张格尔首次侵犯卡伦后，又被迫逃出。

生擒张格尔图

此后，一直图谋返回回疆，重振和卓家族。浩罕贪图回疆之利，极力怂恿，遂酿成回疆变乱的大错。

道光六年，张格尔率安集延、布鲁特人百余人，由开齐山路侵入中国境，来到阿尔图什，拜祖先大和卓之墓"玛杂"后，据墓扎营，并煽惑维吾尔人叛乱，又遣人求助于浩罕，以子女、玉帛、喀什噶尔城酬劳为诱。八月，张格尔率叛军连陷喀城及英吉沙尔、叶尔羌、和阗4城。

清廷命陕甘总督杨遇春、伊犁将军长龄、山东巡抚武隆阿督军会于阿克苏进剿。道光七年 (1827) 二月清军西出，一路势如破竹，在阿尔巴特、沙尔都尔、阿瓦巴特大败张格尔。三月收复喀什噶尔、英吉沙尔、叶尔羌、和阗4城。

张格尔叛乱失败，遁往柯尔克孜族游牧地。长龄密遣黑山派人出卡，施用反间计，诱使张格尔率残部偷袭喀城。十二月，张格尔在铁盖山被擒获，新疆始定。

道光八年 (1828) 五月，张格尔被解至京师处死。

板腔体形成

清初，梆子腔产生之前，戏曲腔调的主流是昆山腔和弋阳腔，这两种戏曲腔调所使用的戏曲音乐结构形式是曲牌体。自梆子腔产生以后，各种地方戏曲腔调相继出现，其中所使用的戏曲音乐结构形式也发生了变化，变为板式唱腔的音乐结构体制，简称板腔体。

板腔体就是以一对上下乐句为基础，在变奏中突出节拍、节奏变化的作用，以各种不同的板式的联结和变化，作为整场戏或整出戏音乐陈述的基本手段，以表现各种不同的戏剧情绪。

板腔体在不同的戏曲腔调中具有不同的表现形式，这可从梆子腔和皮簧腔中看出来。在梆子腔中，各种板式用节拍形式固定下来，再冠以板式的名称，包括一板一眼、一板三眼、有板无眼、无板无眼。利用不同板式的相互衔接，梆子戏就可以表现一定的戏曲内容。在皮簧腔中，板腔体得到了进一步的发展和运用。由于皮簧腔是由西皮腔和二簧腔两种腔调组合而成，因此板腔体的使用又使得皮簧腔剧分化成了几种新的剧种。有专以西皮腔构成的剧种称西皮戏，有专以二簧腔构成的剧种称二簧戏，还有既唱西皮又唱二簧的剧种。在每一种剧种中，运用不同节奏、板式以表现复杂的戏剧情节和内容。除了在梆子腔系和皮簧腔系中运用板腔体作为音乐表现形式外，在当时流行的其他一些腔调如吹拨腔系和乱弹腔系中，板腔体也得到了一定的运用。

板式音乐结构形式的产生，对各地新兴的地方戏曲产生了很深远的影响。同时，板腔体与曲牌体并列，构成了中国戏曲音乐的两大结构体系。

开始海运漕粮

道光五年 (1825) 六月，试行海运漕粮。

清廷经济命脉就是东南漕运，而漕运中弊端百出，加以运河梗塞，漕粮无法北运，于是清廷决议用海运，派安徽布政使陶澍巡抚江苏。

陶澍，湖南人，讲经世致用之学，有才干。本月，陶澍首请以苏松常镇太仓之漕粮 160 万石，归海运，并亲赴上海征集商船，又命崇明狼山及山东登莱诸镇会哨海口，以剿海盗。各船由吴淞入海，水程 4000 余里，旬月抵天津，无一漂损。清廷遣重臣赴验米色，率莹洁赛于漕运。

陶澍又疏陈《海运章程》8 条，遭户部反对，海运遂罢。历 20 年，各省岁运漕额逐渐减少，太仓积谷所存无几。道光二十六年 (1846)，清廷乃复行海运，并定为常例。时陶澍早亡。待轮船招商局设立，海运漕粮为其专例，运河漕运遂彻底终止。

清代运粮船模型

窻盆技术发明

清时，自贡地区发明了一种名叫窻盆的低压采气装置，使我国采气技术发展到了相当完善的阶段。

有关窻盆的记载始见于道光时期 (1821 ～ 1850)，范声山的《花笑庼杂笔》在描述富顺火井的采气工艺时说，"用衔竹吸烟，如接水状，引入锅底煮盐，省煤炭，利益厚。其有一口井接数十竹者，并每竹中间复横嵌竹以接之，烟盛，无不贯透"。此"一口井接数十竹"，"每竹中间复横嵌竹以接之"显然是一种纵横交错的输气管道网，此应即是后来《四川盐法志》中所说的"火井盖盆"、"炕盆"，富荣盐场之谓"窻盆"。这种采气装置是"覆井口环盖"的一种"木盖"，其输气网是纵横衔接的竹质笕筒，稍后的《四川盐法志》卷 2 叙述得更为系统、详细。说"凡火井成，井口尚陷地丈许，上置虚底木桶罩之，曰炕盆。桶式下阔而上狭，大小视火之强弱。桶上覆以木板，中留小窍，上覆片席，席上置木箱，亦下阔上狭而方，与下井口相承。气由席上达箱，曰冷箱，又曰冲天枧。箱口不见火，惟有气"。"其桶旁凿窍，以枧端接穿地中，将至灶外户，又作一桶，置枧如前，达于灶圈侧小气桶。又由气桶置铁枧达灶内石火罐。先用阳火引之，锅下四旁用泥作枕，高六七寸，以支锅灶。"

从有关研究资料看，窻盆这种采气装置不但可测量气之大小，分离天然气和卤水，而且可调节空气与天然气的配比，防止爆炸事故；既有减压、气水分离的性能，又有防爆、防毒（硫化氢），气水同采的功效。它的一些功能甚至可与近代采气装置相媲美，至今仍具有实用价值。

《明心鉴》流传

清道光初期，由昆腔艺人俞维琛、龚瑞丰口述，保定人叶元清笔录的《明心鉴》抄本成书并开始流传。这是一部研究昆腔表演艺术的专门著作。

大清衰弱时期

俞维琛本是苏州石塔头"串客"，落魄后投身戏班，是乾隆末年享有较高声誉的戏曲艺人，而且有一定的文化素养，能读懂经史和九宫谱，这一点在戏曲艺人中是很难得的。他与龚瑞丰都推崇唐代名优黄幡绰，且对舞台表演有切身体会，见识颇广，这些都为《明心鉴》成书提供了有利条件。

《明心鉴》着力于阐述表演方法与技巧，以及表情、身段要求的规范。针对演戏时应该注意的一些问题或较易出现的毛病，提出可资参考的意见，即指出所谓"艺病"，并提出治疗方法。全书包括"艺病十种"、"曲白六要"、"身段八要"，《宝山集》六则等。其中"身段八要"中的"辨八形"将人物分为8类，在表演身段上加以区别，这些都是其提炼、概括、归纳演员演出实践中表达生活各类人物表情动作的特点后作出的固定规范。对每类人物的身段，按面容、眼神、声调、步法加以分别，认为抓住了其表情、动作的要领，人物形象塑造即靠演员综合运用这些来完成。《宝山集》分声、曲、白、势、观相、难易六则，对唱、念、做及技术训练要求作了十分简要且切合实用的概括。

《明心鉴》实际上是明末至清中叶昆剧表演艺人长期积累的经验总结，对于理解和指导舞台表演有很高的实用价值。同时也是一份研究戏曲表演艺术特点及历史变迁、成就的珍贵史料。是清中叶昆剧表演艺术的实际水平的反映。

外国人在华办报刊

19世纪的中国报刊有200多种，但80%是西方人创办的。西方人在中国的办报活动是一个逐渐发展的过程，鸦片战争前主要在中国南方沿海渗透，鸦片战争后主要表现为向中国北方和内地扩展。

鸦片战争前在中国广东沿海和东南亚华人聚集区创办了6家中文报刊和11家刊载中国新闻的西文报刊。其中最早的是英国传教士马礼逊和密兰于1815年在马六甲创办的月刊《察世俗每月统记传》，它是第一家外国人办的以华人为对象的近代化中文报刊。该刊内容以基督教教义为主，免费散发，并派专人送往广州分给参加乡试的士子。该刊出版到1821年停刊。道光二年（1822），葡萄牙人在澳门创办葡文报《蜜蜂华报》，开创了外国人在中国本土办报的历史。1833年在广州和新加坡同时出版的《东西洋考每月统记传》，是第一家在广州出版的中文报刊。另外在中国境内出版的第一家英文报刊是1827年在广州、香港、澳门三地发行的《广州纪录报》。由于报纸的编辑都是传教士，他们对中国文化了解甚少，因而办刊质量不高，只是一种定期的宣传材料。

鸦片战争后的半个世纪中，西方人的办报活动向内地扩张，共办了近170种中外文报刊。中文报刊主要有香港《遐迩贯珍》、《香港新闻》，广州《中外新闻七日录》，上海《六合丛谈》、《中外杂志》、《万国公报》、《圣心报》、《上海新报》、《申报》、《字林沪报》，北京《中西见闻录》、《新学月报》、《顺天时报》，天津《咸报》、《直报》，武汉《字林汉报》等。外文报刊主要有香港《孖剌报》、《德臣报》、《南华早报》，上海《字林西报》，天津《京津泰晤士报》等。这些报刊既有教会和传教士创办的，也有洋行、洋商创办的。因外国人长期在中国生活，汉学素养较高，再加上有很多中国人参与编辑，因而这一阶段西方人办报刊的质量比鸦片战争前有了提高。西方人办的外文报刊和中文报刊内容不尽相同。外文报刊的对象是传教士、商人、外交官，以宣扬西方殖民侵略为主要内容，最具代表性的是《字林西报》。而中文报刊则侧重于宗教宣传，但是商业、新闻评论逐渐成为主要内容。

清代光绪年间山东潍县年画《男十忙》

THE CHINESE CIVILIZATION

常州今文经学派兴起

嘉庆、道光年间，阶级矛盾和社会矛盾日益激化，肩负着社会历史忧患的知识分子们不得不思考解决矛盾的方式并为之寻求理论根据。西汉今文经学派（公羊学派）的历史观和政治理论自然地成为其思想依托。常州今文经学派应时而生。

东汉何休经多年摸索，总结出西汉今文经学派即公羊学的微言大义乃是"大一统"和"张三世"理论。所谓"张三世"，指据乱世、升平世、太平世，认为孔子作《春秋》是"受命改制"，即使夏商周三统得以变通——"通三统"。自此，公羊学成了地主阶级自救运动的理论宝库，影响着后世。常州今文经学派老调重弹，从专研名物训诂的乾嘉学风一变而研究公羊学，以期推动这一自救运动。因其首倡者庄存与为常州人，故称常州今文经学派。

庄存与（1719～1788），字方耕，号养怡，江苏常州人。乾隆十年进士，官至礼部侍郎。他兼通六经并著有论著，所作《春秋正辞》是清代今文经学最早的著作。虽然他未能从公羊学中找到自救的方案，没能发现其思想精华，但在这危机时刻将沉寂千余年的公羊学重新发掘出来并作为其改革理论的首倡之功却在学术史上占据着重要地位。而其直接继承者刘逢禄（1776～1829）是其外孙，所著《春秋公羊经传何氏释例》等著作是常州今文经学派的理论基石。他认为，当此危机之际，社会需要有一个大的变化，必须有一个新的权威来担任新王，维护统一局面，而西汉今文经学派的"三世说"、"通三统"、"受命改制"的政治理论符合这一历史潮流。

刘逢禄通过对《公羊何氏解诂笺》、《左氏春秋考证》、《论语正义》、《中庸崇礼论》等一系列著作将地主阶级的这种应变哲学加以阐发，启示了后世无数先进知识分子积极思考。此后，龚自珍、魏源、戴望、廖平等人无不继承和发展了这一理论。自刘逢禄始，常州今文经学派逐渐成为晚清的学术主流，而康有为则是清代今文经学派的集大成者，他正是揥着今文经学派的理论旗帜倡导戊戌变法运动的。其间，龚自珍则是使今文经学思想带上革新因素和近代启蒙色彩的枢纽人物。

老生三杰出现

"老生三杰"是京剧艺术在形成过程中出现的以演"老生"一角而著名的三位艺术家，他们是余三胜、张二奎、程长庚。

余三胜(1802～1866)，谱名开龙，字起云，湖北罗田人。他继朱应先之后成为春台班的第一老生，以唱皮簧腔出名。其唱腔抑扬婉转，流畅动听，并擅唱"花腔"，独树一帜，有"时曲巨擘"之称。他擅演的剧目、角色有：《定军山》黄忠、《探母》杨四郎、《当锏卖马》秦琼等。余三胜在京剧的形成过程中，特别是在京调皮簧的形成中有突出的贡献，《中国京剧史》这样评价："中国戏曲剧种的划分，最显著的标志是在声腔曲调和舞台语言两个方面，京剧形成的主要标志在这两点。余三胜在京剧形成过程中的重要贡献也正在此。"

余三胜在京剧《黄鹤楼》中的刘备扮相（清代泥塑）

张二奎是四喜班的领衔老生，擅长演"王帽戏"。他"嗓音宏亮，行腔不喜曲折，而字字坚实，颠扑不破"。由于他的演唱采用京字京音，故有"京派"之称，并因此受到北京青年观众的欢迎。《都门纪事》中载有一首诗："时尚黄腔喊似雷，当年昆弋活无媒。而今特重余三胜，年少争传张二奎。"可见其影响。他的擅演曲目、角色为《打金枝》唐王、《回龙阁》薛平贵等。

程长庚，字玉珊，安徽潜山人。他是继余、张二人之后的又一"词场巨擘"。据说他开始时并不擅唱，苦学3年以后，以《文昭关》唱、做俱佳而声名鹊起。《燕都名伶传·程长庚》说他演唱"辨字音极清，抑扬吞吐，为他伶所不及。唱乱弹，则能穿云裂石，复于高亢之中，别具沈雄之致"。他在艺术上造诣很深，而且重视提携后进，识才善教，谭鑫培、汪桂芬、孙菊仙、杨月楼等都受过他的指点。

龚自珍为变法张目

龚自珍（1792～1841），又名巩祚，字璱人，号定庵，浙江仁和（今杭州市）人。出身于世宦之家，是著名《说文》学家段玉裁的外孙，自幼接受清乾嘉学派古文经学的学术熏陶。由于痛感社会的深重危机，他自觉摒弃了祖训和外祖的学术传统，转而研究"经世之学"，关注现时政治。28岁时，他师承常州今文经学派理论奠基人刘逢禄，治"公羊学"，博览群书并熟谙掌故和古代典制，长于地舆之学。由于权贵的阻挠排挤，38岁才中进士，一直担任内阁中书、礼部主事等闲职，无法实现自己的政治抱负，10年后即辞官南下，在杭州、丹阳等地讲学。鸦片战争爆发的次年，他病逝于丹阳。

心怀救民治国"理想"的龚自珍，一生著述甚丰，青年时代，为抨击时政而写下著名的《明良论》、《乙丙之际著议》等政论文章；因感到西方列强侵略威胁的日趋严重，他写下《东南罢番舶议》和《西域置行省议》及《蒙古图志》等地理著作。在经学方面更是硕果累累，《六经正名》、《六经正名问答》、《春秋决事比问答》在其文集中占据了很大篇幅。此外还有大量的政论、诗文。他的诗文，半是对旧制度行将就木的挽歌，半是对新社会力量的召唤。在封建社会向半封建半殖民地社会过渡之际，他是眼光开放、思想清新、具有维新变法思想的先驱之一。

龚自珍主要提出了"更法"的社会变革主张。他的"更法"主张主要有以下几点：首先，他主张修订封建礼仪制度，变通以资格考官的陈规，加重内外大臣的权威。他指责封建专制的反动统治，带来了大小官吏士气不振、苟且偷安、吏治败坏的社会弊病，"官益久，则气愈偷，望愈崇，则谄愈固"，导致了国运衰微的局面。其次，他提出了具有重大政治意义的经济改革主张。一是反对豪族地主的土地兼并，二是顺应资本主义的发展，采取若干富国富民的措施。针对豪族地主的土地兼并，他指出："小不相齐，渐至大不相齐，大不相齐引至丧天下。"也就是说土地兼并的后果必将引起社会动荡，导致封建王朝的覆亡。进而，他提出"田相齐"以缓和、调整阶级矛盾的政治主张。为顺应资本主义的发展，他提出了有利于发展富农经济的"役于圃"和有利于发展商品生产的"役于市"的主张。支持土地自由经营，实行农业雇佣劳动，发展城乡商品经济，大力提倡蚕丝、棉花生产，反对鸦片、奢侈品进口等。第三，龚自珍的"更法"主张，渗透着反对外国资本主义侵略的爱国思想。他对鸦片输入深恶痛绝，坚决支持林则徐的禁烟运动。针对投降派的破坏活动，他曾对林则徐说："奥省僚吏中有之，幕客中有之，游客中有之，商估中有之，恐绅士中未必无之，宜杀一儆百……此千载之时，事机一跌，不敢言之矣！不敢言之矣！"最后，为了"更法"的实现，他对新人新事的出现寄予希望。他期待社会变革，希望出现一批立志改革的人物，借以改变死气沉沉的国度，使祖国获得新生。

龚自珍的"更法"思想，为后来的维新变法运动起到了鸣锣开道的作用。

作物结构迅速变化

从明末到清，中国南北作物结构发生了重大变化。

据明末《天工开物》的记载，就全国来说，水稻种植已占7/10，但在北方小麦仍占了一半，而水稻连同黍子、谷子加起来只占另一半。江淮以南地区，小麦仅占了1/20。到清末水稻分布的北线已达到新疆伊犁，沿河西走廊、河套和辽河流域。而在南方，双季稻已从岭南发展到长江流域，它奠定了我国现今水稻分布的基础。

清代植棉业继续发展，以至使蚕桑生产只限于某些有特定条件的地区，丝织物日益成为昂贵的奢侈品。清代棉花已成为我国最重要的经济作物。此外，甘蔗、蓝靛等在清代中后期也有较大发展。这些经济作物种植面积的增加，对当时作物结构也有一定影响。

明末新引进的玉米、番薯、烟草等迅速扩展，对我国作物结构产生很大影响。玉米适应性强，耐饥，所以传入初期多在山区种植，平川地区只在田头屋角，或菜园中偶种一二。19世纪以后，随着人口的增加，玉米种植也向平原地区扩展。番薯在长江中游的江西、湖南等省的发展，大概也在18世纪前期。黄河流域最初栽种的番薯有直接引自福建的，也有从长江流域传去的。
18世纪中叶是番薯在华北地区大发展的时代，并成为许多地方的重要作物。
烟草自明中叶传入我国后，由于商品经济的刺激，发展很快。烟草与水稻争
地的情况日益严重，有的地方到清代中期已是"良田尽种烟草"，到鸦片战
争前夕，烟草与粮食争地的问题已相当突出。

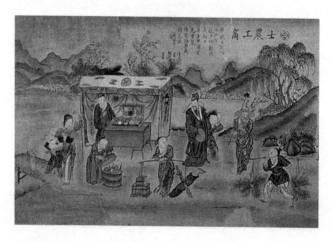

清代杨柳青年画《士农工商》

清朝

1831 ~ 1840A.D.

1834A.D. 清道光十四年

申禁售赁淫书小说。五月，英吉利船终年在零丁洋等处停泊走私，命广东查禁之。

1838A.D. 清道光十八年

八月，湖广总督林则徐等奏湖南、湖北查禁鸦片、收缴烟土、烟枪情形。命林则徐为钦差大臣赴广东查办海口事件。

1839A.D. 清道光十九年

林则徐至广东，令英商缴出鸦片，又着手整饬海防。英人于尖沙嘴殴死华人，林则徐向英领事义律索凶。十二月，以林则徐为两广总督，调邓廷桢为闽浙总督。

1840A.D. 清道光二十年

五月，英将伯麦封锁广东河口，林则徐激励兵壮，焚其鸦片船，烧溺死者多人。英船至福建。六月，英将伯麦陷定海。七月，英船犯厦门，击退之。英兵船至大沽口，又游奕于山东、奉天海口。八月，命琦善为钦差大臣赴广东查办。九月，革林则徐、邓廷桢职。琦善抵广州，撤除林则徐布置之海防工事，解散壮丁，旋即与英人开谈。英以所求不遂，进犯虎门，陷大角、沙角炮台，琦善大惧，擅于川鼻与英定约，允其一切条件。

1831A.D.

哲学家黑格尔卒。

11月，里昂纺织工人第一次起义。美国东北部之反对黑奴制度运动开始。法拉迪研究电磁感应。

1832A.D.

歌德去世。

1834A.D.

雨果著《巴黎圣母院》。

1836A.D.

伦敦出现"工人协会"之组织，被称为"宪章派"（或"宪章运动"）。

果戈里作《钦差大臣》。

1838A.D.

勃朗宁夫人发表诗作。狄更斯作《雾都孤儿》。孔德创社会学。柏辽兹作歌剧。

1840A.D.

法国无政府主义者蒲鲁东著《何谓产权？》，1846年再著《贫困的哲学》。

怡和洋行成为"洋行之王"

19世纪初，英国政府陆续取消东印度公司在东方的贸易垄断权，英国洋行遂大量增多。这些洋行以广州为大本营，并以走私鸦片积累了大量资本。

道光十二年（1832年7月1日），英商查顿、马地臣在广州正式创办怡和洋行，亦名"渣甸洋行"（与十三行之"怡和洋行"有别），继续走私贩卖鸦片，是当时最大的鸦片走私进口商，拥有鸦片走私快船多艘。同时，他们为英国政府制订对华政策提供了大量情报。1842年，怡和洋行总公司由广州迁至香港。1843年，上海怡和洋行成立，在继续走私鸦片的同时，还为各英商代理业务，出口中国丝茶，并垄断航运和对外贸易。1872年后，因鸦片进货价格敌不过在印度有深厚基础的沙逊集团，怡和洋行放弃对华鸦片贸易，逐步转入贸易服务性行业，先后创设上海公和祥码头公司（1872）、香港火险公司（1873）、怡和轮船公司（1882）、怡和棉纺厂（1895）、中英银公司（1898，与汇丰银行合资）、怡和冷气堆栈（1902）、怡和机器有限公司（1923）、怡和麦酒酿造厂（1930）等，成为英商在华的大型垄断企业。同时，通过英国政府强迫清政府以关税作保证，在伦敦筹集资金对中国发放各种借款，进行资本输出，先后贷款清政府建造京沈、沪宁、沪杭、沪杭甬、广九等铁路，包揽铁路的材料采购及一切工程建筑，取得各铁路的监督与管理权。至抗

西人所绘广州审判走私的英国水手图

战前夕，除上海、香港外，还在汉口、青岛、天津、长沙、重庆、宜昌、九江、南京、广州、汕头、芜湖、福州等地设有分支机构，成为英国在远东的最大财团，被殖民主义者称为"洋行之王"。

《劝世良言》刊行

　　道光十二年（1832），基督教（新教）最早的中文布道书——《劝世良言》刊行。

　　《劝世良言》一书是第一个华人牧师梁发所著，经过苏格兰长老会会员马礼逊修改、校订后在马六甲印刷出版。梁发是广东高明人，原为一名雕版印刷工人。他粗通文墨，从22岁成为马礼逊信徒，道光三年被封为宣教师，成为第一个华人牧师。《劝世良言》全书约9万字，分为9卷：《真传救世文》、《崇真避邪论》、《真经圣理》、《圣经杂解》、《圣经杂译》、《熟学真理论》、《安危祸福篇》、《真经格言》、《古经辑要》。《劝世良言》内容多摘录自《圣经》章节，结合中国独特的风俗人情，阐发了基督教教义。在书中，梁发宣扬上帝是"独一真神"，劝世人克己安贫，"安于天命"，不要贪图世上之福，以求死后永享天堂的真福。他称颂西方传教士为"善人君子"。否定了儒释道三教，但又承认儒家宣扬的仁义礼智与圣经所宣扬的大略相符合。

　　《劝世良言》是西方文化与中国文化在相互接触中，相互结合所形成的产物，它对洪秀全创立拜上帝会有过重大的影响。

皮簧戏《四进士》成形

　　《四进士》是清代花部乱弹作品，作者不详，现仅存清末抄本。

　　《四进士》故事见于鼓词《紫金镯》，描述明代嘉靖年间，新科进士毛朋、顾读、田伦、刘题四人在双塔寺焚香结盟，立誓要作清官，违者甘受严惩的故事。后因河南上蔡县富室姚廷椿与妻田氏为霸占家产、毒死胞弟一案，牵涉四人，而最终言行不悖、不违初衷的仅毛朋一人。作品对官场的黑暗有较深的揭露和抨击。而剧中最精彩、最重要的人物却是退职刑房书吏宋士杰。他路见不平，见义勇为，与贪官周旋较量，既恃才使气又老辣干练，既正直倔强又狡黠风趣，是一个非常生动、深刻而富有特色的艺术形象。

据1842年成书的《梦华琐薄》载，清道光年间三庆徽班就曾整本上演《四进士》。《四进士》是皮簧戏名剧，在徽剧、汉剧、京剧、湘剧、桂剧、川剧、滇剧都有上演，同时也流传于同州梆子、晋剧、豫剧等梆子剧种。渐渐地，宋士杰的戏份加重，到清末，汉剧演出已采用《宋士杰》之名，而在现代京剧中，该本也取名《宋士杰》。

律劳卑事件爆发

道光十四年（1834）八月，两艘英舰闯入广州河，律劳卑事件爆发。

本年，英国委任英国贵族、上议院议员、海军高级将领律劳卑出任驻华商务监督，希望能够将英国在华商业势力推广到广州以外的地方，并在中国沿海寻找海军据点，同时保护鸦片走私贸易。六月，律劳卑乘船抵达澳门，后又直驶广州。照惯例，英国商人只许在澳门居住，欲入广州，需先经税关批准，但律劳卑无视中国规定，擅闯广州。二十六日，律劳卑直接致公函粤督卢坤，要求与卢坤会晤。卢坤传命制止律劳卑擅闯行为，以其公文称公函而不称"禀"，不符合程式为由，拒绝接见。同时下令"封舱"，中断中英贸易，并撤退夷馆买办、工役，派兵包围英夷馆，断绝交通，并整理炮台，整顿珠江防务，中英冲突发生。八月，两艘英舰闯进广州河，奉律劳卑之命炮击虎门炮台，直驰黄埔，并派军舰去印度接兵，欲以武力迫卢坤就范。卢坤封锁珠江，调集68艘战船，经皇上批准用武力对付。英国担心商业受损，便促使律劳卑返回澳门。二十七日，卢坤下令恢复英商贸易。九月，律劳卑病死于澳门。

义律入华

义律于道光十四年（1834）随广州首任商务监督律劳卑来华。1835年，继德庇时为英国驻华代商务监督。次年十一月升任商务监督。

义律任职期间，极力保护英国鸦片贩子，多次阻挠和破坏林则徐禁烟。当林则徐采取强硬措施，迫使英国烟贩缴出鸦片时，义律多次致书英国外交大臣巴寿尊，怂恿其对中国使用武力，以保护鸦片贸易，并为其提供一系列对华作战的建议。

道光二十年（1840），义律被英国政府任命为副全权代表，同全权代表懿律一起发动侵华战争。五月二十二日，英舰齐集澳门。当时，林则徐已任两广总督，战备森严。懿律和义律率军北上，在厦门被击退后，兵犯浙江。七月十四日，英舰抵达天津海口。八月，义律和琦善在大沽口开始会谈，诱使琦善签订《穿鼻草约》，又逼奕山订《广州和约》。后义律被调往北美，在其任职期间中英冲突进一步加深。

鸦片祸国殃民·林则徐虎门销烟

鸦片烟具

吸食鸦片者

查禁走私鸦片引起重视

道光十六年（1836）四月，太常寺卿许乃济向道光帝上《鸦片烟例禁愈严流弊愈大应亟请变通办理析》折，系统提出弛禁鸦片的主张，引起朝廷内外的争论，这种观点遭到严禁派的猛烈抨击。道光十八年（1838）四月，鸿胪寺卿黄爵滋上疏请"严塞漏卮"，以固国本。群臣纷纷主张严禁鸦片。林则徐语极剀切，说："烟不禁绝，则国日贫，民日弱。数十年后岂惟无可筹之饷，抑且无可用之兵。"于是皇帝决意禁烟，又特召见林则徐来京陛见，不久又授他钦差大臣，命赴广州禁烟。

黄埔港内英国贩运鸦片的走私船

1838年，鸦片走私的日益严重，直接危害到清廷统治，各省官吏纷纷搜缴鸦片，惩治鸦片贩子。十月二十六日，广州地方官在外国商馆前广场上当众处死中国烟贩，美国领事降下美国国旗表示抗议。随后，又指使一批美、英鸦片贩子和流氓冲入刑场，

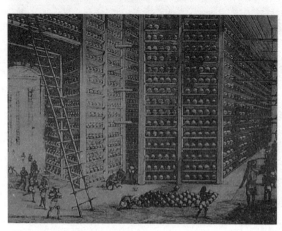

英国东印度公司的鸦片仓库

清 朝

1644～1911A.D.

阻挠施刑。这一暴行激起广州民众公愤，自发地掀起一场声势浩大的反抗侵略者暴行的示威活动。当天下午，约有近万名群众将商馆包围，抗议外国人保护烟贩，破坏中国法律。示威群众与英美暴徒发生了激烈冲突，最后，侵略者只得向广州知府求援。

这一系列行动，表明了中国政府和人民对禁烟运动的重视及反抗外国侵略者暴行的巨大力量和坚定决心，有力地推动了禁烟运动的开展。

林则徐赴广东查办鸦片

从乾隆三十八年（1773）起，英国每年对华输入鸦片上千箱。嘉庆五年（1800），清政府下诏严禁鸦片输入，但鸦片贸易转成走私，每年输入量仍然很大。鸦片泛滥，给中国带来严重的后果。白银外流，人民健康受到威胁。道光十八年（1838）宣宗特诏林则徐为钦差大臣，赴广州禁烟。

林则徐（1785～1850），福建侯官人，字元抚，一字少穆，嘉庆进士。他力主严禁鸦片，在湖广总督任内，收缴烟具、烟土，查封烟馆，配制、推广戒烟药物，成效显著。道光十八年十一月，他奉诏到京，连续八天为皇帝召见，商讨禁烟大计。

林则徐一到广州，雷厉风行，马上实行禁烟措施。次年二月四日，林则徐传见

林则徐像

"十三行"商人，斥责其见利忘义、为外国鸦片贩子效力的罪行，并限外商3天内将所有鸦片尽数交出，各人出具保证书，声明以后来船，绝不挟带鸦片。英国驻华商务监督义律一面令英商拖延不交，一面指使大鸦片商颠地乘夜逃走。林则徐派人截回颠地，下令中止中英贸易，派兵包围商馆，撤出中国仆役，切断趸船与商馆往来道路。义律迫于无奈，只得下令交出全部鸦片。从二月

083

中旬到四月初，共收缴鸦片 237 万多斤。

与此同时，林则徐在广东省内大力禁烟，颁布《禁烟章程十条》，严惩贩卖、吸食鸦片者，两个月内捕获贩卖、吸食者 1600 多名，收缴烟土、烟膏 46 万多两，烟枪 4 万余只。林则徐广东禁烟，共收缴鸦片 20283 箱又 2119 麻袋，合计重 2376254 斤。

道光十九年（1839）四月二十二日，在虎门要塞，林则徐亲自主持销烟。

虎门焚烟

黄爵滋禁烟奏折

虎门位于广州东南珠江入海口，地势险要，素有广州南大门之称。道光十九年（1839）四月二十二日，虎门要塞山脚下搭起了一座礼台，一面黄绫长幡迎风招展，上书"钦差大臣奉旨查办广州海口事务大臣节制广东水师总督部堂林"，围观群众成千上万，争相观看这一次焚烟活动。

清军兵士先在海滩上挖成两个 15 丈见方的池子，池底铺以石条，四壁栏桩钉板，以免渗漏，前面设一涵洞，后面通一水沟。先由沟道将水车推入池子，将盐撒进，将鸦片切成小块投入卤水中，浸泡半小时，然后再投入石灰，池中立刻水汤滚沸，围观群众欢声雷动。退潮时，兵士启放涵洞，随浪潮鼓动，将池中水汤送入大海。然后再用清水洗刷池底，不留涓滴烟灰。在连续 20 多天的时间里，全部鸦片都被销毁。远近人民以及澳门外商观看了焚烟过程。

虎门销烟这一壮举，有力地打击了英国鸦片贩子的嚣张气焰，显示了中国人民反抗外国侵略的坚强决心和坚定意志。

清人吸食鸦片的情形

虎门销烟遗址

林维喜事件

道光十九年（1839）五月二十七日，英国水手在九龙尖沙嘴白昼肆意行凶，殴打当地村民，使村民男女老幼被害者甚多，其中林维喜因伤重于次日死亡。案发之后，林则徐严令英国驻华商务监督义律交出凶犯抵罪，但义律拒交凶犯，以1500银元收买死者家属，要他们证明林维喜是"误伤致死"，拒不交凶。并且无视中国法律，公然侵犯中国主权，擅自在中国境内的一艘英舰上私自组织裁判公庭，并通知中国方面派人观审。审讯结果，仅对5名凶犯处以3至6个月的监禁与60到80元的罚金。为了捍卫中国主权，林则徐下令停止英船的食物供应，撤回为英商雇佣的中国买办和工役，直到将英船逐出澳门。

清军曾据守抗击英国侵略军的虎门威远炮台

林维喜事件使中英冲突激化，引起九龙军事冲突。这一事件也充分暴露出英国侵略者的强盗本性和企图从中国攫取领事裁判权的野心。

第一次鸦片战争爆发

琦善与英国人谈判

英国出兵·挑起鸦片战争

　　林则徐在虎门销烟之后，传谕外国商人，凡是愿意"永不挟带鸦片"的外国船只，允许入口贸易，许多外国船只，包括一些英国船只，纷纷准备具结入口。英国驻华商务监督义律一面百般阻止英商具结，一面不断派兵船对中国进行武装挑衅。道光十九年（1839）七月二十八日，义律率兵舰在九龙口向广东水师发炮。九月二十八日，义律挑起穿鼻洋海战。穿鼻洋海战及九龙之战、官涌之战等是鸦片战争前中国人民反抗外国侵略者的前哨战。

　　十一月一日，林则徐奉旨停止中英贸易，但仍规定凡遵令具结、查无鸦片的外国商船准入口贸易。十二月一日，中英贸易正式断绝。

次年（1840）五月二十九日，英国军舰封锁广州珠江口，第一次鸦片战争正式爆发，懿律等见广州防备严密，遂率军北上。六月，英军炮击厦门被击退，不久又兵犯浙江。由于定海毫无准备，虽知县姚怀祥与总兵张朝发急忙布置抵抗，但是定海很快陷落。英兵在定海大肆奸淫杀掠。十二日，英军封锁宁波及长江口，浙江巡抚乌尔恭额、提督祝彭彪束手无策。二十二日，清廷命福建提督余步云赴浙江会办洋务。二十六日，又命闽浙总督邓廷桢派水师赴浙会剿。七月九日，素来反对禁烟的两江总督伊里布以钦差大臣身份来到浙江。

七月十四日，英舰抵达天津海口，扣留、抢劫海面上的中国粮船，直隶总督琦善不但不予反击，反派人员犒送英军饮食。八月四日，琦善与查理·义律在大沽口海滩帐篷里开始会谈。琦善在谈判中答复英人，只要英船返回广东，就可以满足他们的要求，同时还向英军赠大批物资。八月下旬，英军见压迫清廷屈服的目的已基本达到，同意返回广州。八月二十二日，道光帝任琦善为钦差大臣前往广东，又下谕裁撤兵勇。在琦善和义律谈判的同时，懿律亲自带领兵船，前往渤海湾各地、辽东半岛及山东沿海一带侦察、测量，搜集情报，绘制地图，为以后进一步扩大侵略战争做准备。

1841年英国军队炮击舟山岛

THE **CHINESE** CIVILIZATION

清政府和谈

　　道光二十年（1840）八月下旬，北上天津海口的英军同意返回广州谈判。九月八日，道光帝下诏革林则徐、邓廷桢之职，着交部分别严加议处，林则徐留粤备查问差委。二十五日，林则徐接到革职上谕。次年三月，靖逆将军奕山贸然发动广州之役，惨遭失败，奕山于是派广州知府余保纯出城乞和。四月七日，余保纯与义律订下城下之盟——《广州和约》，中国付英军赎城费600万元，商馆损失费30万元，清军退出广州城外60英里。战事暂告结束。七月，英国又扩大侵华战争，新任全权公使璞鼎查率领援军驰抵珠江口外，继而北上。道光二十二年（1842）正月，浙江战败，道光帝派盛京将军耆英、伊里布赴浙江求和。英军不许，并且一路北上，兵临南京。七月，耆英与英军在南京谈判。

　　七月二十四日，在英舰"皋华丽"号上签订中英《南京条约》，鸦片战争结束。

英军攻陷广州等地

　　道光二十一年（1841）正月八日，清政府对英宣战。沙角、大角炮台陷落后，道光帝通告中外，宣布调川、黔、湘、赣各路军队开赴广东，调鄂、湘、皖各路军队开赴浙江，决心对英军展开激战。二月三日，虎门之战爆发。义律乘奕山等迟迟未到之机，先发制人，大举进攻清军虎门一带阵地。五日，英军包围横档、永安两炮台，广东水师提督关天培率部奋力反抗，最终因炮台四面环水，弹药、援兵难以为继而失守。同时，靖远、镇远、威远、巩固等炮台也遭英军进攻。老将关天培壮烈牺牲，400多名守台将士也都战死，虎门要塞落入敌手。七日，英舰开入珠江，广州门户洞开。九日，英陆军少将卧乌古率军到广州。两天后，清参赞大臣杨芳也带兵到达广州。三月二十三日，将军奕山到达广州，但数天内清军全线崩溃。四月六日，奕山在城头竖白旗

088

乞降。七日，签订《广州和约》，广州之战结束。

同年七月十日，英军大举进攻厦门。厦门水军顽强抵抗，击沉英舰 1 艘，伤 5 艘，但未能挡住英军攻势，炮台失守，鼓浪屿、厦门相继失陷。

同年八月十二日，英军云集舟山洋面，第二次进犯定海，向定海发炮猛攻。定海守军 5000 人，在军粮匮乏的情况下，枵腹作战六昼夜，给英军以沉重打击。十七日，英军攻陷定海县城。二十六日，英军又向镇海发起进攻，负责浙江海防的钦差大臣、两江总督裕谦集众宣誓誓与镇海共存亡，亲自登城，指挥守军重创敌人。但浙江提督余步云弃炮台西逃宁波。英军轻易占领招宝山，居高临下，攻陷镇海，裕谦服毒殉职。

关天培像

次年（1842）四月，英军攻陷慈溪、乍浦。五月，英军攻打吴淞口。江南提督陈化成督军死战，身受七处重伤，以身殉国，吴淞失守，宝山、上海也相继失陷。六月十四日，英军以 7000 陆军，在战舰支援下进攻镇江，守城清军在众寡悬殊下，英勇抵抗。这是鸦片战争以来英军攻城损失最惨重的一次。城陷后，英军纵火烧杀。同月，英国军舰开到南京下关江面，陈兵南京城下，清廷彻底屈服。

鸦片战争后的香港

THE CHINESE CIVILIZATION

鸦片战争后在广州的英国军队

三元里人民抗英

　　道光二十一年（1841）四月，《广州和约》签订后，奕山筹集赔款，日夜搜刮，英军横行乡里，大肆淫掠，激起三元里一带人民群众的义愤。三元里位于广州城北约 5 里地方。《广州和约》签订前一天的四月六日，广州城北各乡义勇首领齐集牛栏冈，议定联合抗英。九日，盘踞在四方炮台的小股英军窜到三元里一带抢劫行凶，奸淫妇女，抢掠财物，激起村民的义愤，菜农韦绍光等奋起反激，当场击毙英军 10 余名，其余英军抱头鼠窜。为防英军报复，村民集合于村北三元里古庙，约定以神座前一面三星黑旗为令旗，宣誓"旗进人进，旗退人退，打死无怨"。举人何玉成等士绅联络附近 103 乡民众共商抗敌大计，并利用"社学"组建了一支由农民、渔民、纺织工人、打石工人及烧炭工人、会党成员、爱国士绅为主力的人民反侵略武装力量。十日，5000 义勇兵云集在三元里绅民"平英团"旗帜下，进攻四方炮台。英军司令卧乌古派布尔利少将留守炮台，亲率 2000 英军出外迎战。义勇兵将英军引诱至牛栏冈一带丘陵地区，将英军团团包围。下午一时，大雨倾盆而下，英军火药受潮，枪炮失灵，仓皇撤退。参战农民将英军分割包围，展开肉搏，计杀死毕霞少校等英军近 50 名，生俘 10 余人，缴获大量战利品。义律闻变驰救，亦陷重围。奕山听说此事，惧和议有变，再起战争，立即遣广州知府余保纯前往解围，英军才得以逃脱重围回船。

三元里抗英斗争，是中国人民自发地反抗外国侵略者的第一场大规模战斗，充分显示了中国人民不甘屈服，敢于斗争的英勇气概。

广东三元里抗英纪念碑

马礼逊办学

英国传教士马礼逊在中国传教兴学，开创了基督教会在华办学的历史，教会学校从此成为中国近代教育的一个重要组成部分，在培养人才与拓宽人们视野方面，发挥了积极作用。

马礼逊像

马礼逊于嘉庆二十三年（1818）在马六甲创办英华书院，教授当地的华侨子弟，被视为新教创办的第一个专以华人为教育对象的教会学校。该校向中国人介绍西方文化，同时向西方介绍中国。但当时英华书院的教学除教义外，只是一些较粗浅的读写、识字，故还属于初级学校。

马礼逊死后，在华传教士秉承他的遗志，成立了马礼逊教育协会，以促进英文教学，以使中国人取得"西方的各种知识"为宗旨，并为此于道光十九年（1839）在澳门创立马礼逊学校，这是基督教在华的第一所学校，成为基督教教育事业的开端。道光二十六年（1846），马礼逊学校迁至香港，规模得到了扩大，学生由 5 人扩至 40 人。道光三十年（1850），马礼逊学校因种种原因解散。

马礼逊学校所授课程主要为初等算术、地理、英文及国文，所收学生多为贫寒子弟，家人多希望子女毕业后可做一份通事之类的洋差而已。有的甚至只是为了得到教会学校的津贴以资赡养家庭。尽管如此，这间学校仍培养出了容闳等中国最早的留学生，容闳后来又开创了中国学生留美教育事业。

位于北京车公庄路的西方历代传教士墓园

火器发展的起落

　　自后金始，清统治者为了入主中原，平定叛乱，十分重视发展火器。雍正以后，国泰民安，火器受冷落，开始走下坡路，至道光二十年（1840）鸦片战争前，火器技术的落后使中国完全处于挨打的地步。

　　1616 年，努尔哈赤创立后金国，并逐渐夺取了整个东北，开始向辽东的明朝军队发动攻击。1626 年，努尔哈赤率军攻打宁远，明军凭借坚城利炮挫败了八旗军。不久努尔哈赤郁愤而死。1627 年，新即位的皇太极率军再攻宁远、锦州，又遭挫败。皇太极总结了后金因缺少火器而战败的教训，开始重视运用过去缴获的明军火器，并决定自制火器。天聪五年（1631），他命令昂邦章京佟养性、备御祝世荫、铸臣王天相等模仿明军的红衣大炮，制成后金历史上第一门大炮——"天佑助威大将军"炮。后金火器生产由此开始。不久，皇太极又下令组建一支由汉人组成的专门操射火炮的炮队。

　　1633 年，大凌河战役之后，皇太极又采纳明军降将马志远的建议，采取

清朝铁炮

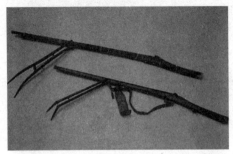

清朝鸟枪

道光十五年（1835）造的虎门沙角炮台炮

一系列措施，鼓励发展火器生产。在这种政策的支持下，牛录章京金世昌、王天相等人在锦州铸成"神威大将军炮"，开始了后金（清）历史上第一次火器生产高潮。

清军入关后，为了满足镇压农民军和消灭南明等战争对火器的需求，顺治帝下令在北京设立炮厂与火药厂，由兵仗局统一管理兵器的制造。当时在八旗教场、德胜门、阜城门、天坛等地设立炮厂厂房88房、火药厂房32间。另有安定门厂、涤儿胡同局、安定门局专门收藏库存火炮。这是清代第二次生产火器的高潮。

康熙即位后，清政府面临的国内外局势仍然严峻。康熙注意到火炮的威力，更加重视火器生产，一方面下令在北京集中制造性能良好的火炮，另一方面还允许地方制造火器。当时在北京设有3个炮厂，一是紫禁城内的养心殿造办处，由皇帝直接掌管，产品称为"御制"，主要供京城守备和满洲八旗使用；二是设在景山的炮厂，产品称为"厂制"；三是设在铁匠营的炮厂，产品主要供给汉军使用。后两厂归工部掌管。各省根据需要可以就地设厂制造火器，但必须由督抚报清兵部、工部核准同意后才能进行，而且只能制造鸟枪和轻型火炮及火药。北京的火药仍由濯灵厂制造。

康熙年间火器生产是清代第三次生产火器的高潮。单就火炮一种兵器，当时制造的不仅数量甚多，而且种类也较多，既有重型火炮，又有轻型火炮和短管炮。重型火炮有神威无敌大将军炮、武城永固大将军炮、九节十成炮、浑铜炮、制胜将军炮等，杀伤力大，多用于攻城。轻型火炮便于拖运，多用于野战，有奇炮、神枢炮、神机炮、得胜炮、威远将军炮、回炮等不同种类。

台南"亿载金城"内之大炮

短管炮有冲天炮、威远将军炮等类型，其特点是易于改变射击方向和发射高度，可用于攻城。还有著名火器发明家戴梓研制的 28 发连珠铳。至于鸟枪（又称单兵枪）的生产也发展很快，种类也较多，如直槽式线膛枪、撞击式燧发枪、兵丁鸟枪、御制枪等。后来正是这些数量多、性能优良的火器火炮，保证了平定三藩、平定准噶尔叛乱、反对沙俄入侵的雅克萨之战和统一台湾等四次大战役的胜利。

　　雍正即位后，国内局势已经稳定下来，火器生产不再得到重视，相反满洲的骑射传统又重新得到强调，考核将士武气不重鸟枪，而重弓马箭矢技术，清代火器生产开始陷入低谷。乾隆时期，火器生产完全依照旧的类型与模式，几乎没有一种新研制的火器。到嘉庆、道光以后，火器生产更是每况愈下，致使中国的火器技术落后于西方 200 多年，到 1840 年鸦片战争爆发时处于被动挨打的地步。

清朝

大清衰弱时期

1841A.D. 清道光二十一年

英军再犯虎门，水师提督关天培及弁兵死伤400余人。四月，英再进犯，攻广州城。三元里平英团起。七月，英军犯福建，陷厦门。八月，陷定海；又陷宁波。

1842A.D. 清道光二十二年

四月，英军陷乍浦。英军陷镇江，至江宁，命耆英、伊里布与英讲和。七月，中英《江宁条约》签字。魏源作《海国图志》。

1843A.D. 清道光二十三年

洪秀全初创拜上帝会。

1844A.D. 清道光二十四年

九月，中法订通商条约于黄埔。是岁，洪秀全偕冯云山开始传教，至广西。

1850A.D. 清道光三十年

正月，宣宗卒，皇四子奕泞立，是为文宗显皇帝，旋命次年改元为咸丰。六月，拜上帝会起义于广西桂平金田村。以林则徐为钦差大臣赴广西，则徐行至中途卒。

1841A.D.

爱默生发表作品。爱伦坡作侦探小说。

1842A.D.

名作家果戈里著《死魂灵》。

1844A.D.

6月4日，西里西亚织工起义。

门德尔松作曲。

1847A.D.

11月至12月，"共产主义者同盟"在伦敦召开第二次代表大会。

勃朗特三姐妹作小说。

1848A.D.

3月13日革命爆发于维也纳。3月15至17日革命爆发于匈牙利首府布达佩斯。5月18至19日柏林爆发革命。

《共产党宣言》在伦敦印行。

2月23至24日，巴黎人民爆发革命。

小仲马著《茶花女》。

1849A.D.

2月8日，马志尼宣布罗马为共和国。4月末，法国派兵援助教皇，7月初罗马降，加里波底逃。奥地利权力恢复。

狄更斯发表《大卫·科波菲尔》。

1850A.D.

巴尔扎克去世。舒曼作曲。霍桑作《红学》。

中英《南京条约》签订

道光二十二年（1842）七月，中英《南京条约》在英舰"皋华丽"号上签订。《广州和约》签订后，英国认为没有达到其目的，悍然执行以战逼和。清政府在不得已的情况下，七月二十四日，由钦差大臣耆英、伊里布与英国全权代表璞鼎查签订了《江宁条约》，即中英《南京条约》。中英《南京条约》共 13 款，主要内容有：一、中国开放广州、福州、厦门、宁波、上海五处为通商口岸，允许英商寄居贸易，英国可以派驻领事等官；二、割让香港岛给英国；三、向英国赔款 2100 万银元，其中烟价 600 万元，商欠 300 万元，军费 1200 万元；四、协定海关税则，英商进出口货税，由中英双方"秉公议定则例"，此外还规定取消行商制，保护以往因为英国效劳而被监禁的汉奸。八月二日，道光皇帝批准了《南京条约》。

次年（1843）八月十五日，清钦差大臣耆英与英代表璞鼎查在广东虎门又签订中英《五口通商附粘善后条约》（即《虎门条约》）、《中英五口通商章程》附《海关税则》作为《南京条约》附件。其补充条款破坏了中国司法权、关税自主权，并让英国取得了片面最惠国待遇。

中英《南京条约》是中国近代史上帝国主义强加在中国人民头上的第一个不平等条约，它破坏了中国领土和主权的完整，从此，外国殖民者以条约形式对中国人民进行"合法化"

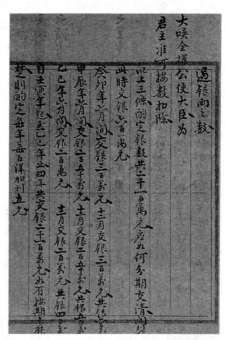

中英《南京条约》（部分）

奴役。古老东方帝国的门户被西方殖民者用大炮轰开了，各国侵略者接踵而来，中国的封建社会开始解体，向半殖民地半封建社会过渡。

上海租界出现

道光二十三年（1843），上海正式对外开放。

英国第一任驻上海领事巴富尔一到上海，借口《南京条约》、《虎门条约》有关规定，强迫清苏松太道宫慕久同意，将上海县外黄浦江边130亩荒地租为英国领事馆用地。但是英国方面仍然感到不满足，不久又强行将租地面积扩大到1080亩，并规定在该地区内，英人可以向中国土地所有者私自租用土地。道光二十五年（1845），巴富尔胁迫宫慕久签订《上海租地章程》，也称《上海地皮章程》。章程一共有23款，主要规定洋泾浜（今延安东路）以北，李家场（也称李家庄，今北京东路）以南为英国租借地。租地、租屋洋商，应会商修建木石桥梁，植树护路，挖沟排水，雇用更夫。他国商人愿意在划归英商承租的洋泾浜界址内租地建房，应先向英国领事馆申请。由此，英国领事馆在该地区享有了最高权力。第二年七月，双方又议定租地西以边路（今河南中路）为界（东临黄浦江）。这块总面积为830亩的"特殊"地段，即后来的英租界。

继英国之后，法国、美国群起而效尤，也在上海划定租界。同治二年（1863），英、美租界合并为公共租界。这样，上海法租界和上海共和租界就成为列强在中国各地建立租界的两种形式，前者称专管租界，后者称公共租界。从法律上讲，租界是中国的土地，主权在中国政府，而实际上，租界成为"国中之国"，享有独立性，中国的租界事实上逐渐成为帝国主义的殖民地。

民国初年的上海法租界

继上海租界地出现后，

广州、厦门、天津、汉口、福州、烟台、重庆、九江等许多通商口岸也出现了租界地，成为帝国主义在政治、经济和文化等方面侵略中国的基地，对中国社会产生了深远的影响。

外国侵入中国司法

　　1842 年，在鸦片战争中战败了的清政府被迫屈辱地签定了《南京条约》，在这个不平等条约中，英国侵略者强迫清政府承认领事裁判权，以保护侵略者在华的司法权益。1843 年英国侵略者又强迫清政府签订了《中英五口通商章程及税则》和《虎门条约》，规定在华英国侨民与华人之间发生词讼交涉，英国领事有权"查察"、"听讼"，"其英人如何科罪，由英国议定章程、法律发给领事照办"。1844 年订立的中美《望厦条约》，进一步扩大了领事裁判权的范围："合众国人民在中国各港口，因财产涉讼，由本国领事官等讯明办理，若合众国人民在中国与别国贸易之人因事争论，应听两造查照各本国所立条约办理，中国官员均不得过问。"此后，法国、俄国、德国、日本也援英美攫取领事裁判权的先例，相继取得了这项特权。

　　之后，外国侵略者还不满足，他们力图把领事裁判权扩大到操纵华人的诉讼案件中，于是便成立了公审公廨。1853 年，英、法、美三国驻上海领事趁上海小刀会起义之机，擅自拟订《上海英法美租界地章程》，据该章程在租界内设置巡捕房，征集税收，成立"工部局"作为租界内的行政机构。进而又攫取了在租界内华人违警事件及轻微民事、刑事案件之权。1864 年，清政府同意在上海公共租界建立"洋泾浜北首理事衙门"，至 1869 年改组为会审公廨。理事衙门本是中国的审判机关，但却设在英领事馆内，并由英副领事会审案件，可见这个机构设置伊始便具有半殖民地性质。1868 年，上海道与英美领事签订《洋泾浜设官会审章程》，其中又大范围地扩大了外国领事权力，如："凡遇案件，牵涉洋人必应到案者，必须领事官会同委员审问，或派洋官会审。"结果造成公廨所审理的一切案件都由外国领事会审，以至不存在会审、陪审和观审的区别。

　　根据会审章程，公廨所属刑事案件管辖权限于判处枷杖以下刑，但 1902

年发生的万福华案，英国领事竟判处 10 年徒刑。公廨所行使的管辖权也不限于租界之内，1903 年发生的《苏报》案，章炳麟和邹容都被捕入狱。在审讯《苏报》一案的过程中，为章、邹辩护的律师曾尖锐地质问："现在原告究系何人，其为北京政府耶？抑江苏巡抚耶？上海道台耶？请明台宣示。"章炳麟也嘲讽说："彼自称中国政府，以中国政府控告罪人，不在他国法院，而在己所管辖最小之新衙门，真千古笑柄矣！"

晚清政府对外国领事裁判权的承认，尤其是会审公廨的设立，是晚清司法制度的重大变化，它标志着中国司法主权的丧失。自唐朝以来反映中国司法主权独立的"化外人有犯"的条款，至此彻底成为空文。

魏源倡导维新思想

魏源（1794 ~ 1857），字默深，湖南邵阳人。道光元年（1821）开始，屡次参加科举，不第。后入江苏布政使贺长龄幕府，编撰《皇朝经世文编》，注重研究漕、盐、河、兵、荒等政策事务，以擅长经世之学闻名。

鸦片战争爆发后，魏源入两江总督裕谦的幕府，曾参加浙江前线抗英战争的筹划和指挥工作。1842 年，魏源有感于屈辱的《南京条约》，写下《圣武记》一书，希望通过清政府前期的一些重大军政活动的记录和评述，以此激励清政府振兴武备，抵御外侮，挽救民族危亡。

作为近代维新思想的先驱，他的政治主张主要有以下几点：

一是"师夷长技以制夷"。这是中国近代史上最早发出的向西方学习的呼声。魏源站在从战胜列强侵略以救亡图存这一战略高度提出这一呼声，认为要先了解西方世界，学习西方先进技术，

魏源像

方能抵抗外来侵略。他认为，外国的长技有三：一战舰，二火器，三养兵练兵之法；且认为除军事技术之外的东西，如"量天尺、千里镜、龙尾车、风锯、火锯、火轮机、火轮舟、自来火、千斤称等"都是对民有益之物，都应该学习借鉴。

　　二是朴素辩证的变易观和矛盾观。魏源继承了《周易》、《老子》等书中的变易观点，认为自然界和人类社会均处于不断变化之中，进而提出自己的矛盾观。他认为古今宇宙变化，是事物矛盾发展推动的结果。他说："天下物无独，必有对……有对之中必有一主一辅，则对而不失为独。"魏源看到矛盾并不能孤立存在，必有其对立面，而且，矛盾的双方又有主次之分。主次双方必然相互斗争，从而推动事物的发展。由此，

魏源墨迹

他提出要变革当时社会弊政以及历史进化的观点。

　　三是"及之而后知，履之而后艰"的知行观。魏源把"行"看作是人们认识的来源，在知行关系上，强调"行为先"。人们要达到真知，必须与客观事物接触，亲身经历、体验。他反对先验论思想、闭门造车，强调后天学习才是最重要的。

　　四是提出"知耻振邦"和"利国利民"学说。中国人历来都把是否"知耻"作为一个重要的道德标准。魏源进一步发展了这种学说，进一步提出"知耻"才能"振兴国家"的爱国主义思想。在此基础上，他进一步提出利国与利民要统一，知耻才能忧国，忧国才能振邦，振邦才能利民。这对当时振兴民族精神，抵御外来侵略具有重要的现实意义。

　　魏源是倡导维新思想的先驱之一，开近代思潮风气之先，其历史进化观点和要求变革的思想，成为近代中国资产阶级改良思想的先驱，对批判传统的封建意识，促进中华的觉醒有巨大的思想启蒙作用。

魏源编《海国图志》

道光二十一年（1841）夏，魏源受林则徐之托，继续编辑《海国图志》一书，较为全面系统地阐述、发展了包括龚自珍、林则徐的主张在内的有关政治、经济、科技、历史、地理、对外关系等方面的重要主张。《海国图志》50卷于道光二十二年（1842）编成，全面系统地介绍了当时他所能收集到的世界地理和历史知识。

《海国图志》共分3个部分：

一、《筹海篇》。魏源总结了人民群众自发地进行抗英斗争和他在浙江前线筹议、指挥抗敌战事的经验和教训。

首先提出了以我之长，削敌之短的主张。他认为，敌人虽然船坚炮利，但远离后方，供应不济，主张在内河内地与敌周旋，"守外洋不如守海口，守海口不如守内河"。同时注重人民群众的力量，"调客兵不如练水兵，调水师不如练水勇"。

其次表达了向西方学习的思想。他认为，要抵御西方资本主义的侵略，首先要了解西方资本主义世界，尤其对西方的科学技术不能盲目排斥，"师夷长技以制夷"。其具体做法是：设译馆翻译西书，聘请外人传授制造技术，一方面造船制炮，另一方面培养训练技术人才。

此外，凡是有关国计民生的科学技术，如火车、轮船、起重机、天文仪器都可仿造。他相信："风气日开，智慧日出，方见东海之民，犹西海之民。"

二、《海国图志》依次介绍了亚洲、澳洲、非洲、欧洲、美洲各国的有关情况，分析了世界政治形势，指出英国是最强盛的西方资本主义国家。它利用商品输出对外扩张，开拓殖民地，还利用鸦片、商品、宗教、大炮将其势力扩展到世界各地。

书中介绍了英国发达的生产技术，记述了西方君主立宪制度、君民共主制度、民主共和制度等各种类型的国家制度。具体介绍了英国政治和行政制

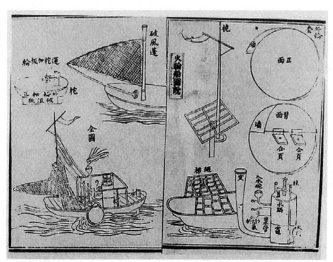

《海国国志·火轮船说》

度。还介绍了美国的民主共和制：总统四年一选举，议会选举少数服从多数。书中还提到瑞士"国无苛政，风俗俭朴，数百年不见兵革"，"为西土之桃园"。

三、书中具体介绍了西方的军事科学技术，如轮船、枪炮、望远镜、水雷、地雷等武器的制造方法。

作为"开眼看世界"的第一批爱国的历史、地理学家，魏源及他所著的《海国图志》所提供的海外世界的新知识，对后世产生了巨大影响。

洋务派受此书启发，办起了中国近代军事工业和民用工业。

资产阶级维新派认为《海国图志》是了解西学的基础。

此书于道光三十年（1850）流传到日本，人们争相诵读，对日本的维新变革也起到了启蒙作用。

洪秀全创立拜上帝会

道光二十三年（1843）夏，洪秀全与冯云山在广东花县创立"拜上帝会"，也称"拜上帝教"、"太平基督教"。洪秀全和冯云山都是自幼诵习经史，博览群书，但因屡试不第，做了塾师。他们从《劝世良言》中吸取某些基督教教义，后洪秀全创拜上帝会，自行洗礼，毁弃塾中孔子牌位。道光二十四

大清衰弱时期

洪秀全像

年八月，冯云山来到广西桂平紫荆山区，在当地贫苦农民和烧炭工人中发展会员，使拜上帝会逐渐发展壮大。十月，洪秀全返回家乡，先后创作《原道救世歌》、《原道醒世训》等，为拜上帝会完善理论依据。道光二十七年二月，洪秀全来到广州，跟从美国传教士罗孝全学习《圣经》，了解了宗教仪式，接受了其中一些思想。七月，洪秀全到紫荆山与冯云山会合。当时冯云山已发展会众 3000 人，洪秀全于是和冯云山一起制定了拜上帝会仪式。同时，他又制定"十款天条"，仿《圣经》中摩西"十戒"而定，即：崇拜皇上帝，不好拜邪神，不好妄题皇上帝之名，七日礼拜颂赞皇上帝恩德，孝顺父母，不好杀人害人，不好奸淫邪乱，不好偷窃劫抢，不好讲谎言，不好起贪心。以此作为会众守则。同时，他又率众反对封建神权，扩大拜上帝会影响。道光二十九年，洪秀全、冯云山、杨秀清、肖朝贵、韦昌辉、石达开结为异姓兄弟，组成了拜上帝会领导核心。拜上帝会从此名声大振，会众更多，并由此发生了一次大转机。在整个太平天国时期，拜上帝会作为维系太平军以及太平天国革命的宗教力量，一直起着非常重要的作用。

洪秀全玉玺

望厦、黄埔条约签订

道光二十四年（1844）正月，美鸦片贩子出身的顾盛率舰队到达澳门，他运用外交讹诈和军事恫吓手段，迫使清两广总督耆英于五月十八日在澳门附近望厦村签订中美《望厦条约》。该条约共 34 款，附《海关税则》。主要内容包括：一、中国要变更海关税率，须与美国领事等官员商议；二、美国人有权在通商口岸租地建楼，开设医院、教堂；三、清政府必须保护在华的美国人及其身家安全；四、美国人与中国人或其他任何外国人之间在中国的一切诉讼，应由美国领事按美国或其他外国法规进行处理，中国官员不得过问；五、美国兵舰可以到中国各通商口岸巡查。《望厦条约》也称《中美五口通商章程》，是中国近代史上美国强迫清政府签订的第一个不平等条约。

道光二十四年（1844）七月，法国派使臣剌萼尼到达澳门，以欺骗、讹诈手段，于九月十三日在停泊于广州黄埔的法国军舰"阿吉默特"号上，与清政府签订《中法五口贸易章程》，也称《黄埔条约》，共 36 款，附《海关税则》。根据条约，法国轻易取得了英、美已经得到的"五口通商"、"协定关税"、"领事裁判权"及片面最惠国待遇等特权，并得到了一些新好处。另外，《黄埔条约》规定清政府有保护教堂安全的义务，成为后来逼迫清廷弛禁天主教的借口。

美、法两国继中英《南京条约》之后，对中国横加勒索，使中国从此陷入各列强的控制之下。

外国银行、企业入华

道光二十五年（1845），中国领土出现第一家外国银行——英国资本经营的丽如银行。其后，英、法、德、日、俄、美、荷兰、比利时等国相继在中国设立银行。这些外国银行统称"外商银行"，以示与中国自办的"华商银行"相区别。至 1913 年已有 21 家外国银行，分支机构达 100 多处。至 20 世纪 30 年代中期，全国共有外国银行逾 50 家，大部分是外国银行设在中国的分行，且集中在沿海通商口岸。其中，实力较强的主要有：英国的汇丰银行、麦加利银行（喳打银行）、有利银行；美国的花旗银行、大通银行；俄国的华俄道胜银行；日本的横滨正金银行、三井银行、三菱银行、住友银行等。

外国银行的进入并未获得中国政府的许可，它们利用不平等条约授予的特权，在中国滥发纸币，招揽存款，操纵外汇，积累了极其雄厚的资本。外国银行通过其雄厚实力，控制中国金融和资本市场。外国在华银行不受中国法律约束，而依所属国的法律和条例行事。由于中国从清政府开始，举借外债即用关税、常平税、厘金、盐税等作担保，在路矿借款中则往往以产权作抵押，使外国银行得以乘机掌管税收，并进一步控制中国的财政。

外国在华银行通过这些特权在中国赚取高额利润，其纯利润高踞各业之首。

也是在 1845 年，苏格兰人柯拜在广州黄埔建造"柯拜船坞"，雇佣中国工人从事船舶修理工作。柯拜船坞是中国最早的外国船舶修造工业，也是外国人在华设立的第一家工厂。

五口通商口岸之一的宁波

外国银行、企业入华，对中国社会生活产生相当大的影响，大批外国银行侵入中国，逐渐把持了中国的财政命脉。另外，它也在一定程度上刺激了中国金融机构的发展、变化。随着外国银行的不断设立，中国旧有的钱庄、票号等逐渐被近代意义的银行所代替。而"柯拜船坞"的建立，开始了外国船舶修造工业对中国传统、旧式的造船业的排挤，压抑了中国新式民族造船业的发展。自"柯拜船坞"建立以后，各种加工工业如茶叶加工、机器、缫丝、制糖、制革等外资工厂相继建立，对中国民族工业的发展十分不利。

《仪象考成》及续编编成

道光二十五年（1845），《仪象考成》编成。

乾隆九年（1744）适逢甲子，经检验发现黄赤交角已由康熙十三年（1674）的 23° 32′ 减至 23° 29′，恒星位置也与当时的测值不相同，有必要重新测算。于是在乾隆帝准奏决定制造可以直接测量恒星赤经、比赤道经纬仪优越的玑衡抚辰仪的时候，主持该仪器制造的德国传教士戴进贤会同钦天监其他官员奏请重修《灵台仪象志》，得到应允。乾隆十九年（1752），新测算的星表完成，被钦定为《仪象考成》。乾隆帝亲自为该书作序，说明《仪象考成》的编成是为了让"天官家诸星纪数之阙者，补之序之，紊者正之"。该书于乾隆二十一年（1756）印刷发行。

《仪象考成》以乾隆九年甲子年为历元，载有传统星官 277 个共 1319 颗星，比《仪象志》增加了 16 个星官 109 颗星，另外还增添了传统所没有的星 1614 颗，增添了南天极附近"依西测之旧"的 23 个星官 150 颗星，共计 3083 颗星。根据戴进贤手中的一些欧洲星表，特别是以弗拉姆斯蒂德星表作为测量对比的依据，所列

我国现存唯一的蒙文石刻天文图。该星图用大块石料刻成，图下侧有图例，并以蒙文注明为"钦天监制天文图"，刻图时间大约在清雍正五年至十年间（1727～1732 年）。

出的 3083 颗星位置精度为秒。

乾隆十一年（1746）戴进贤死后，恒星位置的测算由钦天监监正刘松林、监副德国传教士鲍友管以及明安图、何国卿等 10 几个人负责。由于玑衡抚辰仪尚未造成，而灵台上南怀仁的仪器只能测到分，精密程度远远不够，因此，他们只好参照分别于 1725 年和 1729 年发表的弗拉姆斯蒂德星表、星图换算编出。且"累加测验"，用许多星的实测结果加以验证，并"依西测之旧"，标出北京看不见的 150 颗南天星的数据，因此，"仪象考成"星表是具有科学价值的星表。

道光二十二年（1842），清政府决定重测星表，命令钦天监官员周余庆、陈启盛、祥泰、杜熙龄等人续编《仪象考成》，并于道光二十五年（1845）完成，增加了《考成》中未载的 163 颗星而去掉了《考成》中原载有而重测未见者 6 颗星，共有星 3240 颗。这时钦天监中已无外国传教士，所有测算工作都是中国天文学家独立完成的，他们对传教士们介绍的西方天文学也不再盲目照搬，而有自己独立的思考；而且不再囿于仅满足实用的陈见之中，受欧洲天文学的影响开始探讨天象变化的原因。

《仪象考成》及续编引进了西方天文学不少新东西，反映了中国天文学的进步。

姚莹作西藏史

清道光二十六年（1846），著名历史地理学家姚莹著成《康輶纪行》一书。

姚莹（1785～1852），字石甫，安徽桐城人。鸦片战争期间，任台湾兵备道，曾与总兵达洪阿一起领导当地军民抗击英国侵略，取得了辉煌战果。南京条约签定后，他受到投降派的诬陷，被贬官四川，后再罚往西藏。在颠沛流离的生活环境中，他以满腔的爱国热忱，考察了祖国西南边疆的有关情况，写成记述我国西藏地区概况的《康輶纪行》。

本书对西藏的历史、地理、宗教、政治、戍守作了详细记载，如《西藏疆理》、《西藏大蕃僧》、《西藏戍兵》等条。特别强调进藏道路、西藏与藏外印度、尼泊尔的边陲要地等等。对英国侵略者窥伺中国西藏地区，有极大的敏感和深切的忧虑。

《康輶纪行》还对西藏的民俗，如天葬、火葬、兄弟数人共妇以避徭役等情况作了记载。对诗词歌赋及民间传说，也广为采集。并具体记录了西藏的行政制度、喇嘛教的教义及天主教的源流、藏民的风俗习惯等等。

在《康輶纪行》中，姚莹对外国的史地、政治也多有研究，如《英吉利》、《佛兰西》、《英吉利幅员不过中国一省》等条，都反映出作者注重时事的态度。早在1842年，他就亲自审讯英国俘虏颠林，了解近海诸国地名、形势，以求得对海疆情况的真切了解。他列举了英、法、普、俄以至日本、安南、缅甸、暹罗等国，无不关注外国大事。他批评中国许多封建士大夫骄傲自足、坐井观天、怀柔乏术、殆误国家的落后愚昧思想。他还指出，中国人了解世界，要兼顾到研究中国历史文献和"外夷"之书，从而达到中西结合，为时世服务。

姚莹的《康輶纪行》为巩固西南边防提供了借鉴。

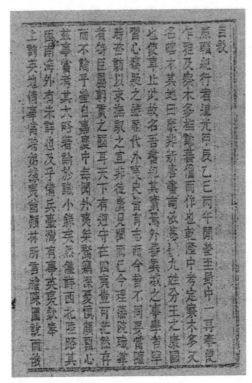

《康輶纪行》卷首

张明山开创"泥人张"

张明山（1826～1906），名长林，河北深州（今深县）人。12岁即作彩塑捏像，18岁一举成名。因常与文人学士及书画家交往，时相唱和，赋诗论画，其彩塑比之一般民间艺人的作品具有较高的艺术情趣和审美意识。

张明山的彩塑技法娴熟，线条严谨流畅，形象生动，尤以人物塑像最为逼真传神。相传他捏塑肖像时，往往在与人交谈中，"搏土于手，不动声色，瞬息而成。面孔径寸，而形神逼肖，发眉欲动，观者莫不叹绝。"张明山创作的泥塑作品数以万计，题材有人物塑像、婚丧嫁娶等民俗风情、古典文学和民间传说等。其中，反映民间风俗的"宾仪式"场面庞大，人物形象生动。"惜春作画"、"黛玉抚琴"、"张敞画眉"等曾进贡清廷，现藏于北京故宫博物院和颐和园。张明山还创建了彩塑作坊"塑古斋"，传授技艺，培养人才。其子张兆荣、孙张景祜均承家业，对泥塑艺术有所发展。从张明山起，世代沿称"泥人张"，名扬海内外。

泥人

现代医学进入中国

1842 年《南京条约》签订后，中国被迫开放五大商埠，外国传教士和医生开始涌入中国。1842 年 ~ 1848 年短短 6 年间，广州、厦门、宁波、上海、福州五个通商口岸全部建立了教会医院和诊所。

一些教会医院从中国人中招收学徒，授以医疗技术和浅近的西医知识，使之成为护理人员或助手。中国早期的西医如邱浩川、关韬就是这种带徒方式培养出来的。为了满足日益发展的需要，教会渐渐办起了医学校，以培养更多的西医人才。《辛丑条约》签订后，教会学校相继在各省建成，发展很快。可以说，清末的西医人才主要是教会医学校培养出来的。

西医书刊的翻译出版更有效地促进了西医学的传播和发展。清末，特别是 20 世纪以前中国的西医书籍主要是传教士译著的，其中合信、嘉约翰、德贞等人翻译的医书最多。此外，教会医生还编辑西医刊物，在介绍和传播西医知识方面起了很大的作用。不容忽视的是，招收留学生也是向中国输入西医学的方式之一。

随着洋务运动的兴起，洋务派特别是维新派开始主动地引进西学。清政府先后设立天津医学馆（后改称北洋医学堂）、京师大学堂医学馆（后改称京师医学专门学堂）、天津陆军医学堂等。同时，也开始向国外派遣留学生，这些人回国后成为中国近代西医学的骨干。此外，江南制造局译馆、同文馆等也翻译出版了一些西洋医学书籍。

西洋医学是建立在近代自然科学基础上的一门科学，它的传入，给我国带来了新的医学模式。西医医院、院校的建立，西医书刊的出版，对我国医学产生了深远的影响。

111

THE **CHINESE** CIVILIZATION

清人研究幂级数

　　清代数学的一个显著特色是对幂级数展开式的研究，其中项名达、戴煦、徐有壬及李善兰、顾观光等取得了重要成就。

　　项名达（1789～1850），浙江仁和（今杭州市）人。辞官不就，退而专攻算学。著《勾股六术》1卷（1825）、《三角和较术》1卷（1843）、《开诸乘方捷术》1卷，合刻为《下学巷算学三种》。另一部重要著作是《象数一字》，共7卷，其中卷四大半及卷七为戴煦所补。

　　《象数一字》是继董祐诚之后清末展开幂级数研究的又一力作。在这部书里项名达主要构造了一类数表，并给出斜右积、斜左积、直下积、直并积4项证明方法，推广了清前期明安图的研究成果，且由此得到了清前期法国传教士杜美德传入的全部"杜氏九术"。

　　戴煦（1805～1860），浙江钱塘人。专心致志以研究数学为生平第一。早年著有《重差图说》、《勾股和较集成》、《四元玉鉴细草》等。其杰作《对数简法》2卷（1845）、《续对数简法》1卷（1846）、《外切密率》4卷（1852）、《假数测圆》2卷（1852），合刊名为《求表捷术》，将幂级数展开式概括为二项式展开式、对数函数展开式、三角函数展开式和三角函数对数展开式四个方面，贡献重大。

　　徐有壬（1800～1860），顺天宛平人。一生著述甚丰，曾撰《割圆八线缀术》，后经吴嘉善和古潜述补，合成《割圆八线缀术》1卷。另有数学著作《测圆密率》3卷、《垛积招差》1卷、《截

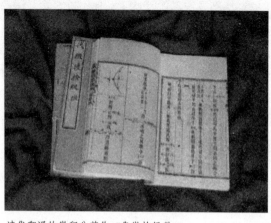

清代翻译的微积分著作《代微拾级数》

大清衰弱时期

112

球解义》1卷、《弧三角拾遗》1卷。《测圆密率》及《割圆八线缀术》集当代诸家之说并参以己见，用比例法、比例商除法、还原术以及借径术等方法，推得大量三角函数展开式，主要可分"八线相求"、"弧背与八线相求"及"大小八线相求"三个方面。

李善兰（1811～1882），清末数学大家，在其《弧矢启密》中也得到许多与明安图、戴煦相同的和不尽相同的结论，所用方法是其独创的尖锥术。在他的《对数探源》中，又由尖锥术给出自然对数的展开式。

幂级数展开式的一个重要应用是造三角函数表和对数表。李善兰用该法造对数表，与戴煦假设对数造表法殊途同归。

顾观光（1799～1862），江苏金山人。数学著作有《算剩初编》、《算剩续编》、《算剩余稿》、《九数外录》4种。在《算剩续编》和《九数外录》里他研究了对数。

沙俄吞并西北

我国西部边界原本在巴尔喀什湖一带，道光十一年（1831），沙俄决定把中俄边界推进到中国境内的斋桑湖，直到卡伦线。道光二十六年至二十七年（1846～1847），沙俄武装入侵巴尔喀什湖东南喀拉塔勒河、伊犁河等七河地区。咸丰四年（1854），沙俄强占阿拉木图，将伊犁河下游一带据为己有，并且在北起阿亚克斯、中经科帕尔、南到维尔诺要塞上，强行筑起一条长达700公里的堡垒线，从而实现其"国界往前推移"的计划，吞并了我国西北大片领土。咸丰六年至咸丰八年（1856～1858），沙俄又先后组织各种"考察队"到伊克塞湖、伊犁和喀什噶尔等地进行实地考察，绘制该地区地图，并且积累了大量的情报资料，为以后进一步入侵中国作了准备工作。

上海徐家汇建教堂

道光二十七年（1847），天主教耶稣会在上海徐家汇建立总部，建造天

主教堂、藏书楼等。

当时，法国天主教主教罗类斯出面，在上海县徐家汇地区强买民地，修建教堂。这一行动激起当地民众强烈不满和激烈反对。但是，由于法籍主教赵方济、法国驻上海领事等联合向清官府施加压力，逼迫上海县知县出面阻止人民的反抗斗争。上海县知县发出布告，宣布徐家汇地方已经售予法兰西罗主教修建教堂，现在正购料集匠兴工，不许无赖棍徒以及外来流丐在此处阻挠工作。如有盘据窃料、阻挠工作者，允许该地保将其捕获解县。这样就将当地民众的反抗斗争镇压下去了。这是中国近代第一个教案。

徐家汇藏书楼建成

道光二十七年（1847），上海天主教堂在徐家汇建成修书室，又称徐家汇天主堂藏书楼、汇堂石室。该藏书楼收藏中西书籍，由天主教会神甫任主管，供耶稣教士参考阅览，不对其他人开放。1860年、1897年两次扩建。民国年间中国人参与其事，其中徐宗泽任主管长达28年（1920~1947）。徐家汇藏书楼地方志丰富，与徐宗泽重视收藏地方志有极大关系。

藏书楼所藏图书，共计30余万册。中文典籍分经、史、子、集、丛书5部，约12万册；其中地方志有210多种，并有碑贴、谱谍等，不乏善本。西文古本甚多，有希腊、法、英、德文约8万册，主要是有关天主教、基督教的书籍；其中有不少是手抄本。另外，该楼收藏的《申报》、《上海新报》、《汇报》、《北华捷报》（英文）、《教会新报》、《小孩月报》、《益闻录》、《花图新报》、《圣教杂志》等近代报刊较为齐全，为国内少有，有重要的史料价值。

广州人民反英

中英《南京条约》签订后，英国殖民者不顾条约规定和居民、原业主的强烈反对，多次强租硬占房屋和地皮，引起当地人民反租地斗争。道光二十六年至二十七年（1846~1847），英国强租广州新豆栏街口（十三行附近）

及河南地方（今广州芳村对岸），两广总督耆英不但不加以制止，反命地方官强迫业主议价出让，激起广州各界人士的抗议。道光二十七年四月，英国方面擅自在河南洲头嘴地方丈量地段，设置界标，企图强行租占，河南48乡绅民3000余人在英商馆前示威，决心"舍死相争"，各社学也组织民众轮流巡查，使英强租企图未能得逞。

道光二十七年（1847）十月二十八日，6名英国侵略者携枪闯入广州城西黄竹岐村，与村民发生冲突，打死村民一人，重伤一人。村民将6名英国强盗全部殴毙，弃尸河中。耆英闻讯，急忙派兵镇压。英香港总督兼驻华公使德庇时率兵舰来到广州，要求耆英将参与抗英的村民，不分主从，全部处斩。耆英下令将捕押村民四人立斩、一人斩监候、一人绞监候、三人充军、六人杖一百徒三年。这一事件激起广州各界强烈义愤。社会各界警告英国侵略者，如再到黄竹岐一带挑衅，各路壮士将到十三行报复。由于广大民众的团结斗争，英方终于不敢再到黄竹岐一带骚扰。

从道光二十二年至二十九年（1842 ~ 1849），广州人民还自发掀起反对英国侵略者入广州城的斗争。1849年广州市区及附近各乡社学、公所纷纷筹集经费，制造器械，设置栅栏，城乡义勇户户出兵，达十几万人，加紧操练，准备随时痛击侵略者。慑于广州人民的反抗威力，英方放弃入城要求，持续7年之久的广州反入城斗争终于取得胜利，在中国人民反侵略斗争中写下辉煌的一页。

李善兰精研数学·译介西方近代科学名著

李善兰（1811 ~ 1882）字竞芳，号秋纫，别号壬叔，浙江海宁人。

李善兰自幼酷爱数学，青少年时代即学习和钻研了《九章算术》、徐光启与利玛窦翻译的欧几里德《几何原本》前6卷、李冶的《测圆海镜》、戴震的《勾股割圆记》等数学名著，并常与江浙一带的数学家顾观光、张文虎、汪曰桢、戴煦、罗士琳、徐有壬等时相往来，切磋学问。1867年他在南京出版的《则古昔斋算学》，收入他20余年在数学、天文学和弹道学等方面的著作13种24卷，即：《方圆阐幽》、《弧矢启秘》、《对数探源》、《垛积

115

李善兰(中)与国子监算学馆学生合影

比类》、《四元解》、《麟德术解》、《椭圆正术解》、《椭圆新术》、《椭圆拾遗》、《火器真诀》、《对数尖锥变法释》、《级数回求》和《天算或问》。此外，尚有《考数根法》、《粟布演草》、《测圆海镜解》、《九容图表》、《造整数勾股级数法》、《开方古义》、《群经算学考》、《代数难题解》等。

　　李善兰对于各种函数的幂级数展开式、级数论和组合论、圆锥曲线论、素数判定法等方面都有独创性研究，最突出的有三项：尖锥术、垛积术和素数论，均已达到当时的世界水平。"尖锥"，是一种处理代数问题的几何模型。尖锥术理论主要见于《方圆阐幽》、《弧矢启秘》、《对数探源》三种著作，约完成于道光二十五年（1845），是中国最早具有解析几何思想和微积分方法的数学理论。垛积术理论主要见于《垛积比类》，约完成于同治六年（1867），是中国早期组合论的杰作。李善兰从研究中国传统的垛积问题入手，获得了一些相当于现代组合数学的成果。他提出的一系列恒等式直到 20 世纪上半叶仍一直受到国际数学界的普遍关注和赞赏，并被称为"李善兰恒等式"。素数论主要见于《考数根法》，约完成于 1872 年，是中国素数论方面最早的专著。

　　从 1852 年至 1859 年，李善兰在上海墨海书馆先后与人合作翻译了《几何原本》后 9 卷、《代数学》、《代微积拾级》、《谈天》、《重学》、《圆锥曲线说》、《植物学》、《奈端数理》（即牛顿《自然哲学的数学原理》）等西方近代科学名著。在中国最早比较系统地介绍了解析几何、微积分、哥白尼日心说、牛顿力学和近代植物学。所译数学书中，以《代微拾级数》最为重要，是中国首部微积分学译本，对帮助中国学者认识微积分理论，引起对西方数学的重视，都有积极意义。他还同伟烈亚力确定了大批数学译名。他创译的许多科学名词，如"代数"、"函数"、"方程式"、"微分"、"积分"、"级数"、"植物"、"细胞"等，既通俗易懂，又典雅贴切，故成为定译而沿用不变，并传入日本且沿用至今。汉语数学译名的创造是李善兰的一项重要贡献。

1868年，李善兰出任北京同文馆天文算学总教习，这是华人首次出任这一职位。此后，李善兰在同文馆从事数学教育10余年，直至逝世。他审定了《同文馆算学课艺》、《同文馆珠算金铖》等教学教材，并培养了一大批具有西方近代数学知识的数学人才。因此，李善兰还是中国近代数学教育的鼻祖。

徐继畬著《瀛环志略》

清末，同《海国图志》相提并论、为世所推许的著作，是徐继畬于道光二十八年（1848）编成的《瀛环志略》一书。

徐继畬（1795～1873），字松龛，号健男，山西省五台县人。他在广西、福建、广东、浙江等省做过知府、道台、按察使、布政使一类的官，接触过许多有关的人，留心世界情况。徐继畬在厦门期间，曾遇到美国传教士雅俾理在鼓浪屿传教，从他那里得到一些世界地理和地图的知识，

徐继畬像

从此便多方搜集资料，潜心钻研，荟萃采择。《瀛环志略》共10卷，此书全面介绍了东亚、南亚、西南亚、欧洲、非洲、美洲约七八十个国家的地理位置、疆域政区、山脉河流、地形气候、经济物产、人种风俗、历史沿革等地理情况，

特别对欧洲的英、法、俄、意、荷、比、葡、奥等16国以及北美国家的地理情况做了重点介绍。此书最大的特点是以地图为纲、文字为说，共绘制了42幅地图，继承了我国古代图志的传统做法，把地图放在重要的位置上。

在19世纪60年代洋务运动兴起之际，此书很为学术界所重视，1866年还被总理衙门刊印，1867年又被用作同文馆的教学用书。清末一些驻欧洲国家的使臣及外交官员，也往往把《瀛环志略》当作了解西方各国情况的手册。此书于1860年前后流传到了日本，并多次刊印，对日本人了解世界、推行维新政治起到积极作用。后来主张变法维新的康有为、梁启超、具有维新思想的学者王韬都对此书深为赞许，认为这本书能激励国民对外的观念，是一本有用的书。

吴其浚考订植物名实

吴其浚（1789～1847），字瀹斋，河南固始人。清嘉庆二十二年进士，做过翰林院修撰，湖北、江西学政，兵部侍郎，湖南、湖北、云南、贵州、福建、山西等省的巡抚或总督。由于到过许多地方，使他有条件广泛搜集植物标本。他留意各地物产的丰瘠与民生的关系，依据耳闻目见，并辑录古籍中的有关文献，绘图刊说，写成《植物名实图考》38卷，于道光二十八年（1848）出版。

《植物名实图考》收录植物1714种（比《本草纲目》增加了519种），分为谷、蔬、山草、隰草、石草、水草、蔓草、芳草、毒草、群芳、果、木等12类。每种植物大都详尽地记述了形色、性味、用途和产地，共附有插图1865幅。该书着重于植物的药用价值，以及同物异名或同名异物的考订。《图考》所收的植物，以产地而注，广及我国19个省份，特别是对江西、湖南、云南、山西、河南、贵州等省的植物采集较多。

《植物名实图考》既对前人的说法有所补充订正，又有个人独到的见解，是一部有相当科学价值的植物学专著。首先，吴其浚发现古书中存在不少问题，纠正了一些本草学家的错误。其次，《图考》中的植物插图，比以往任何本草书的附图都要精确，而且其中许多都是包括根、茎、叶、花全株植物的，比较能反映出植物的特征。最后，《图考》对于植物分类学的研究也有重要意义。《图考》是我国一部水平较高的古典植物学专著。

杨秀清自称天父

道光二十八年十二月十二日（1849年1月17日），广西桂平生员王作新再次将冯云山、卢六等人逮捕，下桂平狱。3月，洪秀全赴广州营救冯云山。当时拜上帝会会员众多，事业蒸蒸日上，在突然失去领导后，群龙无首，人心涣散，杨秀清恐拜上帝会解散，于是在4月6日（三月三日丁丑），假托天父下凡附体传言，自称天父命他赎病主，教导会众，安定众心，从而使其取得"代天父传言"的特权。

杨秀清（约1820～1856），原名嗣龙，广西桂平平隘山客家人。5岁失父，9岁丧母，烧炭为生。他为人机警，喜用权智，颇有组织能力。1844年他遇到冯云山，参加了拜上帝会。杨秀清在取得"代天父传言"的特权后，使拜上帝会得以巩固，洪秀全也不得不追认"圣言"。从此，杨秀清的地位几乎与洪秀全相等。甚至在上帝附身时，洪秀全也必须跪地听命。太平天国天历还规定三月三日为"爷降节"。由于洪秀全、冯云山是广东籍，而杨秀清与拜上帝会众会多为广西籍，有着浓郁乡土关系，使拜上帝会领导集团内部潜伏着分裂危机。

拜上帝会金田起义

道光三十年（1850）十二月十日，洪秀全领导的拜上帝会在广西桂平金田村起义。

道光三十年（1850）六月，洪秀全以武装起义时机已经成熟，向各地拜上帝会会众发布总动员令，命令务必于十月一日以前到达金田村集中"团营"。各地拜上帝会会众接到团营命令，立即动身，偕老少奔赴金田，将变卖家产所得悉数上交"圣库"。所有团营会众都按男女分营，实行军事编制，接受

广西桂平金田村

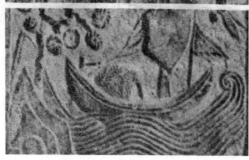

出土于太平天国天京（南京）总圣库的石刻，为太平天国极为罕见的艺术品。

军事训练，并开始与清军进行武装斗争。十一月，洪秀全、冯云山在广西平南县花洲山人村胡以晃家秘密布置武装起义事项。清广西浔州协副将李殿元出巡平南思旺圩，探知花洲一带有拜上帝会会众聚会，率清军前往，封锁路口，加以围困。洪秀全一面组织抵抗，一面派人往金田告急。杨秀清等闻讯，急命蒙得恩率精兵援救。十一月二十日，在思旺圩全歼清军。次日，护送洪秀全返金田。

拜上帝会会众金田团营，队伍声势越来越大。道光三十年（1850）十一月十二日，清廷派兵前去镇压。十一月下旬，驻守桂平的清远镇总兵周凤岐，派部下伊克坦布率贵州兵进剿金田村。十一月二十九日，太平军在蓉村江木桥伏击了清军。太平军拆毁木桥，切断清军退路，阵斩伊克坦布。周凤岐前往救援，也被击败。

这年十二月十日，拜上帝会在金田村正式宣布起义。这一日正是洪秀全38岁诞辰。杨秀清、萧朝贵、冯云山、韦昌辉、石达开、秦日昌、胡以晃等人领导拜上帝会会众举行了热烈的祝寿盛典，并在金田村内韦氏大宗祠，举行全体拜上帝仪式，宣布国号为太平天国，以次年（1851）为太平天国元年，正式起事，讨伐清廷。轰轰烈烈的太平天国革命运动揭开了序幕。

葡萄牙霸占澳门

道光二十九年（1849），葡萄牙悍然出兵，强行霸占中国领土澳门。

明朝，葡萄牙就侵入澳门，设官管辖外国商人和侨居澳门的外国人。但当时主权仍属中国。五口通商后，葡萄牙想效仿英国割占香港岛的方式吞并澳门。道光二十九年（1849）四月三日，澳门葡萄牙官员亚马勒以清两广总督拒绝其请裁澳门海关，在广州设立领事馆的要求为借口，驱逐清朝澳门同知，封闭海关，劫掠华人财物，并停止交纳从 16 世纪葡萄牙向明政府"借居"澳门以来按年缴纳的地租。当时，澳门华人被激怒。七月五日，清军士兵刺杀了亚马勒。事后，英国兵舰开到澳门，英、法、美三国驻华公使联合向清政府提出抗议，公开支持葡萄牙的侵略行径。

这样，中国领土澳门便被葡萄牙强行霸占。

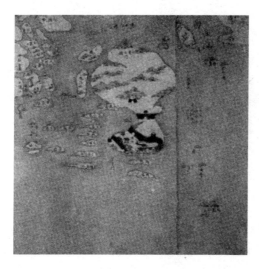

澳门图

认识学习西方

在中国近代史上，要不要向西方学习，在当时是一个存有很大争议的问题。鸦片战争时期，以主战派的梁廷枏为代表，强烈反对向西方学习，认为以外国人为师有失中国人的体面。尤其是鸦片战争后，反对向西方学习的人越来越多，呼声也越来越高。

有人认为：中国一向是重农抑商，重本抑末，向西方学习是舍本逐末；有人认为：西方先利而后义，是战争的根源，中国则先义而后利，西方的东西不合中国国情，不必学；有人认为：对侵略者可以以德服之，君臣父子之道可以战胜轮船大炮；还有人认为：西方的科学技术会使中国人失业，学习西方的科技是一种浪费，翻译外国书是多此一举等等。

与此相反，主张向西方学习，反对闭关锁国的进步呼声亦同时存在。

林则徐是中国开眼看世界的第一人。经过鸦片战争的较量，林则徐改变了自己原来的盲目自傲，认识到英国的船坚炮利超过中国，开始收集西方的各种情况，翻译西方书籍，购买外国报纸，绘制外国地图，并引进西方先进的造船制炮技术。

魏源是向西方学习的大力提倡者。他认为向西方学习，一是要了解西方的各种情况，二是要学习西方先进的科学技术。要战胜敌人，就必须了解敌人，只有知己知彼，才能取得胜利。

当年西方人笔下的香港一景

122

他编辑的中国第一部外国历史地理书《海国图志》，对国人了解西方起了巨大作用。

冯桂芬是早期资产阶级维新派的代表人物，亦是疾呼向西方学习的坚定分子。他认为"博古而兼通今，综上下纵横以为学"才能称得上是一个真正的儒者。中国人的学习精神，远远不如外国人，外国人能读我经史，知我掌故，而国人对外国懵然无知，实在有愧！

另一位呼吁向西方学习的人物郑观应认为："通天地人之谓儒。"要通天，就要研究西方之天文、历算、电学、光学等；要通地，就要研究西方之地舆、经纬、种植、兵阵等；要通人，就要研究西方之文字、刑法、政教、食货、商贾、工技等。他提议清政府应派员出国深造，只有那样，他们才具备真知灼见，一旦当国，身肩重任，就能大胆从事治国安邦的事业。

最强烈、最系统呼吁向西方学习的是严复，他最早比较系统地把欧洲资本主义的自然科学理论和哲学、政治经济学、政治学、社会学等知识介绍到中国来。他认为：欲救中国之亡，非向西方学习不可；向西方学习乃是一股不可抗拒的历史潮流；不能把西洋各国等同于古代之夷狄，西洋文明胜过中国文明。他进而列举中国和西洋的差别：中国人重三纲，而西洋人明平等；中国亲亲，西人尚贤；……中国尊主，西人隆民；……通过比较，他更明确地向国人说明，只有向外国人学习，发愤图强，才是中国救亡图存的唯一道路。

交际舞进入中国

清代后期，近代欧美舞蹈通过种种途径传入中国，而其中较早为中国人接受的当推交际舞。

较早接触交际舞的便是教会学校的学生。每逢"愚人节"、"复活节"、"圣诞节"等西方节日，教会学校必举行盛大的庆祝仪式、茶会和舞会，并以此向学生宣扬"欧美文明和生活方式"，使他们在潜移默化中接受和掌握了这种社交性的舞蹈。

另外，交际舞作为西方人的一种娱乐和社交方式进入了租界，且最初只局限在外侨的生活圈子中。道光三十年（1850）上海租界举行了第一次舞会。

但由于洋人中男女比例悬殊，加之中国传统观念的阻碍，舞会在早期的上海等大城市还是罕见。在一些沿海开放城市，随着租界中"华洋杂居"局面的出现，一些涉足洋人生活圈的上层社会的中国人也逐渐进入附设在洋人开办的酒楼、餐馆以及一些娱乐场所中的舞厅，参加侨民举办的舞会。继而，在上海的"张园"、"一品香旅社"等中国人接办或开办的娱乐场所也引进了这种西方娱乐形式。交际舞逐步受到中国人的青睐而在近代中国出现了发展的势头。

清朝

1851A.D. 清文宗显皇帝奕詝咸丰元年 洪秀全太平天国元年

洪秀全入武宣，称太平王。太平军入永安州城，建号太平天国，洪秀全为天王。

1853A.D. 清咸丰三年 太平天国三年

正月，太平军入江宁，旋改称天京。小刀会刘丽川占上海县城。

1855A.D. 清咸丰五年 太平天国五年

吉尔杭阿等破上海县城，刘丽川等战死。

1856A.D. 清咸丰六年 太平天国六年

韦昌辉合谋杀杨秀清及其党羽。

"亚罗船"事件起，英人巴夏礼借机起衅，轰击广州。

十月，石达开起兵讨韦昌辉，天王杀韦昌辉。

1857A.D. 清咸丰七年 太平天国七年

石达开因疑惧私离天京，走安庆。

十一月，英与法军联合侵据广州，俘叶名琛。

1858A.D. 清咸丰八年 太平天国八年

四月，英法陷大沽。奕山与俄签订《瑷珲条约》，割黑龙江左岸地与俄。

1860A.D. 清咸丰十年 太平天国十年

李秀成等会援天京，大破清江南大营。美国人华尔组织洋枪队。李秀成破洋枪队于青浦。

八月，和议破裂，英、法侵略军复进扰，文宗奔热河；英、法军旋至北京，焚掠圆明园及三山。九月，订中英、中法《北京条约》；订中俄《北京条约》，割予乌苏里江以东地。

1851A.D.

12月1日深夜，路易·拿破仑发动政变。

1854A.D.

克里米亚半岛战争始。

1859A.D.

达尔文《物种起源》一书问世。

宾夕法尼亚发现油井，此为近代石油业之开始。

1860A.D.

共和党候选人亚伯拉罕·林肯当选总统。12月20日，南卡罗来纳州宣称脱离联邦以示抗议。

THE CHINESE CIVILIZATION

永安建制·太平天国形成

　　金田起义后，太平军于咸丰元年（1851）九月攻克永安。在这里，太平军进行了一系列政权建设，史称"永安建制"。十月二十五日，洪秀全下诏，封杨秀清为东王，萧朝贵为西王，列一等；冯云山为南王，韦昌辉为北王，列二等；石达开为翼王，列三等。西王以下皆受东王节制。同时，又加封秦日纲为天官丞相、胡以晃为春官丞相，其余有功将士均晋封官爵。十二月十四日正式颁行太平天国历法，以金田起义之年为太平天国元年，本年为壬子二年。天历规定一年为366天，单月31日，双月30日；立春、清明、芒种、立秋、寒露、大雪六节气为16日，其余十八节气都为15日；采取干支纪年法，将地支中的"丑"改为"好"，"卯"改为"荣"，"亥"改为"开"。之后又颁布了"太平礼制"，规定了一整套严格的尊卑等级和繁琐的礼仪制度。还颁布了"天朝军律"，诏令全军不得私藏所获财物，一切金宝绸帛尽归天朝圣库，违者议罪；不得违反天条十款；不要受清军诱惑；并且命太平天国将士蓄发；刊刻颁行太平天国官方文书等等。

　　"永安建制"后，太平天国的中央政权组织初步形成。这对于加强领导、发展队伍、扩大革命影响具有重要意义。

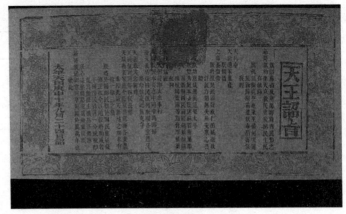

太平天国天王洪秀全颁布的"减税诏旨"

126

太平天国钱币

太平天国当十钱背面

太平天国玉玺

江有诰集古音学大成

　　咸丰元年（1851），古音韵学家江有诰去世。

　　清代古音学研究中，江有诰集音韵学大成，对古音研究最全面，最深入。江有诰（？～1851），字晋三，安徽歙县人。他用毕生精力来研究音韵学，所著《音学十书》的分部情况，竟与当时著名音韵、训诂学大师王念孙的研究不谋而合。

　　江有诰在段玉裁17部的基础上，将祭泰夬废从脂部中分出，又合并缉、叶，将侯部独立，再采用孔广森的冬、东分立说，分古韵为21部，即：之、幽、宵、侯、鱼、歌、支、脂、祭、元、文、真、耕、阳、东、中、蒸、侵、谈、叶、缉。

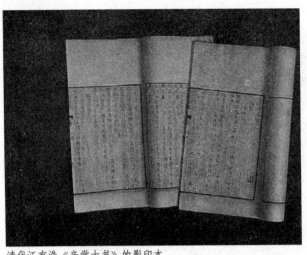

清代江有浩《音学十书》的影印本

并进行了合理的排列，至今仍有不少古韵学家沿用。他的朋友夏炘，在江有诰的 21 部基础上，再加王念孙的至部独立，定为 22 部，使上古音的韵部体系至此基本弄清。

在古音研究中，江有诰兼采"考古"派（顾炎武、段玉裁、王念孙等，采用客观分析、归纳先秦韵文材料、从中得出结论的方法）和"审音"派（江永、戴震等，采用既考察上古韵文的用韵情况，又据等韵学、今音学原理和语音学系统来考察上古韵的分合情况的方法）两派的长处，不仅深入、全面地搜集考察先秦几乎所有的韵文材料，著《诗经韵读》、《群经韵读》、《楚辞韵读》（《音学十书》中的三种）等韵书，还充分发挥了自己精通等韵、长于审音的优势。他不仅解决了平入的配合问题，还解决了四声相配的问题，相当于为先秦的语音系统做了韵图，使人能看到当时语音系统的全貌，从而推知语音演变的脉络，为拟测古音提供了可能。

捻军起义爆发

早在嘉庆年间，在河南和安徽的淮北地区，农村里就有一种秘密组织，人们认为它是白莲教的遗党。当时农村中迎神赛会要搓纸燃油，"捻"就由此得名。"捻"又叫"捻子"、"捻党"，由穷困破产的农民、手工业者、盐贩、游民、裁撤兵勇和下层知识分子组成，早期主要从事打富济贫的活动，数十人或数百人一股，居则为民，出则为捻，互不统属。

太平天国兴起后，河南、安徽一带捻党群起响应。咸丰元年，南阳捻头乔建德聚众两千在角子山起义；李大、李二在南召起义；凤阳、颍州等地捻党也纷纷起事。咸丰二年（1852），捻军大头目张乐行、龚得树等人在安徽蒙城雉河发动反清大起义，从此捻军起义全面爆发。咸丰三年（1853），太平军北伐，途经淮北地区，进一步推动了各地捻军的发展。五月夏邑王冠山起义；六月阜阳李

捻军螺号

士林、固始刘吉元、霍丘与固始边界的李昭寿、薛之元等分别起义；九月蒙城、亳州一带五十八捻联合，以武大僧、马和尚、陆凤、汪邦位为首领，号称"四大天王"。咸丰四年，北伐援军由皖北入豫，苏天福率众起义至永城，当地捻军群起响应；雉河集、义门集地区白莲教兼捻军首领张捷三聚众万人起义，号称"太平天国金田正将军"。

　　咸丰五年（1855）六月，黄河在河南兰考铜瓦厢决口，造成大面积灾区，"捻"组织逐渐形成并发展壮大。七月，各路捻军大会于雉河集，推张乐行为盟主。从此，捻军声威大振，成为太平天国以外另一支强大的反清力量。

四大名刹延续禅宗

　　从清后期始，由于社会及佛教本身发展中的多种原因，佛教在中国作为一种文化实体开始衰落。禅宗是佛教中的主要宗派，在佛教衰落的大环境中也逐渐式微。

　　禅宗包括临济、曹洞两派。曹洞门下又分云门、寿昌二系，势力都不昌盛。临济门下天童、磐山二系清初并兴，但不久天童衰弱，磐山系则发展出镇江金山、扬州高旻、常州天宁、天目禅源四大名刹，声震江南。

　　太平天国后，四大名刹全遭焚毁。这时金山寺正由观心显慧主持，庙毁后搭草房作禅堂，从不间断与弟子讲学。曾国藩对此十分敬重，替他重建江

天寺，金山得以重兴。显慧传法给弟子大定密源、常静密传、性莲密法、隐儒密藏。他们四处传法，整肃禅规，使金山成为中国禅宗首刹。

扬州高旻寺入清以来历代主持是天慧实彻、了凡圣际、昭月了贞、宝林达珍、如鉴达澄、方聚悟成、道源真仁、楚禅全振。常州天宁寺清初还是律宗道场，在乾隆年间由金山大晓实彻改为禅院。西天目山禅源寺始建于元代，明代衰废，由清初玉林通王琇禅师重兴，下传十数代。

"四大名刹"不仅自身源远流长，数废数兴，而且培养出许多佛门高僧，承继其他名寺烟火。例如金山悟圆禅师在嘉庆年间复兴杭州海潮寺；金山法忍和尚于光绪年间复兴南京赤山般若寺；金山净心重兴宁波天童寺；金山仁智首座振兴宜兴显亲寺；天宁寺清宗禅师重兴天目山狮子正宗寺；高旻寺法一首座复兴南京狮子岭。

四大名刹在佛教衰微之时延续了禅宗血脉，并为许多高僧居士提供了修炼身心的场所。所以说，四大名刹在禅宗发展史上发挥了承上启下的枢纽作用。

四川成都文殊院藏经楼

清象牙浮针水罗盘，为相墓用。

上海玉佛寺大玉佛

清廷整顿旧学

清代官学制度取自明代或更古远，因而也继承了各种陈腐陋习。清中叶以后，连原本有几分清新气息的书院也逐步官学化了。清廷自身早已意识到这一点，因此始终没有放弃改造和消除旧学弊端的各种努力。

整顿旧学的最重要步骤自然是从国子监入手。国子监是中央最高学府，为天下士林所仰瞻，本应是人才济济，举措足以教化四方。但入清以来，国子监一直名实难副，经费短缺，馆舍废颓，教学松弛。道光末年，清廷首次整饬国子监南学，惜未奏效。咸丰八年（1858），朝廷开始向国子监增加岁费 3000 两；次年，又恢复南学居舍旧额，并选拔文行兼优的生员 40 名入宿，提高待遇予以奖励。因此，出现了自孙嘉淦创南学以来，百年难得一见的"文风稍稍兴起"的局面。光绪十一年（1885）实行了"举监制"，允许各省举人入监肄业；其后又规定无论举人、贡监生，凡非正印官而未投供，举贡未传到教习，均可入国子监。这些措施改变了国子监生员不足、馆舍空设的局面，扩大了国子监的教学规模，使教学得以正常进行，是清末对南学最重要的调整措施之一。

从光绪初年起，清廷又努力整顿八旗官学。先是加强学校管理，每学设满汉科甲官一人为管学官，专门考查学生功课与勤惰；又委派进士出身的大员为八旗官学大臣，总掌八旗官学业务。其次，又提高了教员的学术标准，每学添设翰林院编、检一员，负责月课、季考，分司考校。经过这次调整，八旗官学质量低劣、虚应故事的局面有所改观。

清廷对升贡制度也实行整改，从同治二年（1863）起，规定贡生中优生可以参加廷试，并录用为官。这样既扩大了学校内部升贡的途径，刺激了地方学校生员读书进取的热情，改变以往地方学生不愿赴京报考的情形，也保证了国子监生员的来源。

同治元年（1862），清廷加强了对翰林院庶吉士教育的实学内容。到光绪季年，还选拔留学生入翰林院，向庶常馆及阁部官员传授近代科学。

广州的贡院

　　清廷为了表明兴学务实、消除旧学弊症的决心，还特别表彰一批以经世致用办学立教的著名教育家。同光二朝，清初著名的启蒙教育家、积极倡导经世致用之学的教育家张履祥、张伯行、陆世仪、顾炎武、王夫之、黄宗羲先后被奉于孔庙从祀之列。

　　此外，清廷加强了捐纳贡监的考试制度，使选拔人才更为公平。这些措施均在一定程度上缓解了旧学的危机，但这些都属于旧教育体制内部进行的局部调整，是旧学制向新学制过渡的头一步，还远不足以使清代教育的局面全面改观。

近代中国最大的通商口岸——上海崛起

　　城市是人类社会发展进步的产物。中国城市众多、历史悠久。中国古代城市的兴建往往是出于政治、军事的需要，所以它们的政治功能异常突出，商业功能只居于从属次要地位。鸦片战争后，随着对外贸易和工商业的发展，中国城市开始突破旧有格局和发展模式，以工商业活动为主要依托的新兴城市相继出现，在推动中国社会发展进程中发挥出越来越大的作用。在这样的背景和动力下，近代中国最大的通商口岸——上海，成为中国一大批新兴城市的突出代表。

由于具备优越的地理位置和自然条件，上海在鸦片战争前就已发展成为东南沿海著名的商业都市和贸易大港。但上海主要是进行中国沿海各地的转口贸易和长江及内河的航运贸易，对外仅与南洋、朝鲜和日本保持传统的贸易，因此它只属于一个面向国内市场的中等海口城市，其城市规模和地位一直无法和苏南地区的苏州相匹敌，各种地理、经济优势在传统经济背景下难以施展。

道光二十三年(1843)，上海开埠，成为外国资本主义对华经济侵略的主要口岸，英、美、法等国相继在此强行开辟租界，并开办银行、建造码头仓库、设立船舶修造厂以配合其商品倾销。上海的进出口贸易总额也因此不断上升，到咸丰三年(1853)，它已超过广州而成为近代中国位居第一的外贸口岸。

上海作为近代城市的形成，是与外国资本主义的入侵和租界的设立联系在一起的。以租界为中心，经销进出口货物的店铺相继开张。如专销洋布的商店从 19 世纪 50 年代末到 1884 年，由十五六家增至 62 家。外商为适应他们在华活动的需要，在上海陆续开办面粉厂、汽水厂、酿酒厂、制药厂、制酸厂、印刷厂等。除轻工业和食品加工业外，还创办了服务于进出口贸易的船舶修造业。上海的公用事业也在此基础上开始建立和发展起来，煤气、电灯、电话、电报、自来水相继出现，大大促进了工商业的繁荣和发展，使近代西方的物质文明和科学技术较为广泛地进入上海城市的生活领域。

上海遭受外国资本主义的冲击格外强烈，使之具备了资本主义生产方式

1857 年的上海黄浦滩

的各种客观条件，为中国资本主义近代工业的兴起准备了必要的物质前提。19世纪六七十年代后，在外资企业大量开办的同时，一批洋务企业及民族资本主义企业也纷纷在上海创办，开始用先进的机器生产代替传统落后的手工业生产方式，从而推动了商业、金融、交通运输、市政建设、城市科技和教育等各个方面发展。上海早在1863年就开设了新兴学堂广方言馆，后来一些旧式学堂为适应经济、文化、科技发展的需要，也纷纷开设西式课程。1897年，上海交通大学前身——南洋公学成立；第二年，中国人自办的第一所女子学堂——经正女塾创办。与此同时，一批有近代意识的科学家积极从事近代科技知识的引进和应用。近代新闻事业也在上海兴起和发展，加速了资产阶级民主思想的传播，为中国资产阶级积聚力量、组织团体、培养知识分子、宣传政治主张和开展政治活动提供了某些便利。

20世纪初年，上海的资本主义工商业、市政设施和管理、新式科技、文化、教育事业等，都已有较大发展。上海已从一个旧式县城发展成中国最大的近代城市，成为中国近代的工商业中心。

太平军北上定都天京

南京太平天国王府花园

咸丰三年（1853）二月十日，太平军攻占南京；二十日决定定都南京，将南京改名"天京"。

金田起义后，太平军永安建制，遂决定北伐。在离开广西北上湖南时，起义军内部有不少人产生怀土恋乡的情绪，要求重新打回广西。而以杨秀清为首的起义首领则主张抛开尾随之敌，继续向北前进。于是他们移师湖南，在攻打全州的战斗中，南王冯云山中炮牺牲。他们东进郴州，北攻长沙，在包围长沙的战斗中，西王萧朝贵又不幸遇难。在撤去长沙之围后，太平军北进至洞庭湖边，在那里他们得到数千条民船，队伍迅速壮大并攻占岳州，然后从岳州直赴汉阳和武昌。咸丰二年（1852）十一月十三日，太平军一举攻克汉阳，十九日夺取汉口。在汉阳与武昌之间的辽阔江面上，太平军搭起浮桥，横跨长江。十二月，大军强渡浮桥，初四日攻克武昌城。

南京太平天国天王府团龙砖雕

攻占武汉后，针对今后战略，太平军中出现三种意见：一是北进河南，问鼎中原；二是西入巴蜀，再图大举；三是东下江南，占取南京。杨秀清假托"天父下凡，令其直犯江宁"，确定东进的战略方针。当时的形势，向荣率领的清军主力尾随太平军，不敢接战，而长江下游一带的防御非常薄弱。咸丰三年（1853）正月初二，太平军自武汉出发，拥兵50万，战船万艘，顺流东下。水陆两师，沿江并发，长驱直捣南京。随后，太平军连下九江、安庆、芜湖，正月二十九日逼近南京城下。二月初十日，太平军以地雷轰塌南京北城仪凤门，攻破外城，次日攻入内城，整个南京遂为太平军占领。

定都南京，使太平天国有了一块可靠的根据地，对推动太平天国运动的发展起了非常重要的作用。

《天朝田亩制度》规划"天国"理想

咸丰三年（1853），太平天国定都天京（今南京）后颁布《天朝田亩制度》。

《天朝田亩制度》以改革土地制度、解决土地问题为中心内容，其指导思想是"凡天下田，天下人同耕，……务使天下共享天父上主皇上帝大福，有田同耕，有饭同食，有衣同穿，有钱同使，无处不均匀，无人不饱暖。"

它根据土地单位面积产量的高低将土地分为九等，按照各户人口的多少，不论男女，平均分配；好田坏田，搭配平分，人多地少与人少地多的地区相互调剂；16 岁以上的人分全份，15 岁以下的人分半份，使各户所分的土地在人均数量和土地质量上完全均等。这种土地制度体现了农民阶级对土地的强烈渴望，显示了太平天国对土地问题的高度重视。它强调男女平等，无视旧的阶级、等级与旧的土地占有关系的限制，实际上是对封建地主阶级土地制度的直接否定，具有强烈的反封建性。

在社会产品的分配和消费上，《天朝田亩制度》主张"人人不受私，物物归上主"，"天下大家，处处平均，人人饱暖"。以 25 户组成一"两"，每两"设国库一"。各户所产谷物除留足自食外，余皆归国库，其它麦、豆、苎麻、布帛、鸡、犬各物及银钱亦然。"所有婚娶弥月喜事，俱用国库，但有限式，不得多用一钱。如一家有婚娶弥月事，给钱一千，谷一百斤，通天下皆一式"。鳏寡孤独废疾者免其劳役，以国库奉养。在婚姻上，它主张废除旧例，移风易俗，婚姻不论财。

《天朝田亩制度》书影

在社会组织上，《天朝田亩制度》主张仿照太平军的建制建立生产、军事、行政、宗教合一的社会组织，要求把分散的农户组织起来，以五户为一伍，五伍为一两，四两为一卒，五卒为一旅，五旅为一师，五师为一军，一军合 13156 户。"两"的首领（两司马）至军的首领（军帅）由本地人充任，军以上的官员由太平天国委派。在这种组织下，人人都有保举奏贬各级官员的权利，但"功勋等臣，世食天禄"。各级组织都实行军事化的长官集权制。

《天朝田亩制度》实行严格的小农自然经济，它以一户为一个生产单位，"力农者有赏，惰农者有罚"。农事之外，种桑养蚕，男耕女织。并且具体规定各户都养"五母鸡，二母彘"，其他陶冶木石等匠也由农人担任，于"农隙治事"。户户自给自足，无生产分工，无商品交换，描绘了一幅农民阶级理想的小农经济图景。

《天朝田亩制度》较系统地表达了太平天国的政治、经济和社会生活要求，把以往中国农民起义提出的"均田"、"分地"思想发展到了前所未有的水平。但是，由于它要求废除一切财产私有，排斥一切社会分工和商品经济，实行绝对平均主义，因而只能是不切实际的幻想。它只是在颁布初期，由太平天国中央通过政权力量在南京城内实施。咸丰四年（1854），即开始实行"照旧交粮纳税"政策，实际上废止了《天朝田亩制度》。

英使走访天京

咸丰三年（1853）三月二十日至二十五日，英国香港总督兼出使中国全权代表文翰访问太平天国首都天京。

当太平军从武汉沿江东下时，英国驻上海领事阿礼国向文翰建议，帮助清政府镇压太平天国，并借机向清政府索取更多的特权。此事后因太平军进展神速、建都天京而搁置。于是，文翰改变计划，派翻译密迪乐到前线亲自了解战况。密迪乐的答复是：清朝在南中国的统治权已不复存在，如果外国干涉，只能无限期延长兵灾与混乱。

为了进一步了解太平天国对内对外政策，文翰决定亲自走一趟天京。在咸丰三年三月十五日，文翰乘英舰驶入太平天国水域，镇江、瓜洲炮台的太平军发炮示警，英舰被迫停止并说明原委。文翰一行二十日抵达天京，先拜会北王韦昌辉和翼王石达开。韦昌辉明确表示，外国人帮助清军实是大错，而且没用，只要英人不助满人，彼此可以成为亲密的朋友。次日，文翰照会太平天国，只要承认中英《南京条约》及英国在中国的种种特权，英国就保持中立。二十三日，东王杨秀清复诏文翰，表示如其忠心归顺，愿为藩属，则许其"头人"及"众兄弟"随意来天京，效力、通商悉听其便。二十五日，文翰一行离开天京回上海，此次访问，使文翰对太平天国的对外政策大失所望，但他也亲眼目睹了太平军强大的实力，不敢贸然公开帮助清政府，决定暂时采取观望态度。

六月，英、法、美先后宣布"中立"。

太平军北伐西征

　　咸丰三年（1853），太平军攻占南京后，派林凤祥、李开芳等率部北伐。四月一日从扬州出发，全军2万多人遵照洪秀全直捣北京的命令，迅速入皖，连克滁州、凤阳、怀远、蒙城、亳州、商丘，进驻朱仙镇。次月，在汜水、巩县渡过黄河，在怀庆摆脱清军，自济源进入山西境内，克垣曲、曲沃、平阳等地；后折回河南，自涉县、武安入直隶，夺临洺关，大败直隶总督纳尔经额所部，八月乘胜北进至保定城南的张登店。北京大震，宣布戒严，清咸丰帝准备逃回热河行宫，官绅逃迁达3万户。九月，北伐军因北面屯有清军重兵，转而东进克沧州，逼近天津。连日攻天津不下，粮弹不继，隆冬缺衣，援军未达，困难重重，决定固守静海待援。次年南撤。李开芳率部分北伐军自直隶连镇抵山东高唐，后又撤至茌平冯官屯。咸丰五年（1855）正月，僧格林沁率清军攻陷连镇，林凤祥被俘遇害。四月，僧格林沁引运河水淹冯官屯，李开芳也被俘遭杀害。北伐虽失败，但太平军驰驱北方六省，震撼清朝心脏地带，对南方太平天国和北方人民的斗争起到了屏障作用。

　　咸丰三年(1853)四月，太平天国在北伐的同时，也派胡以晃、赖汉英率军西

刻有"太平天国"字样的永安炮台碑文

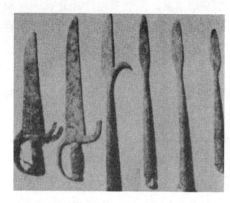

太平军使用的武器

征，以夺取长江中游地区，巩固天京。五月，进占安徽池州，沿江而上。接着，克安庆、湖口，围攻南昌。久攻不下，八月撤围北上，克九江、汉口和汉阳，旋即退出。胡以晃率众攻占安徽22州县。次年再入湖南，与曾国藩的湘军展开激烈的争夺战。由于湘军的顽强抵抗，太平军丢失汉口、汉阳，退守九江。咸丰四年十一月，太平天国派石达开、罗大纲率军驰援，在湖口和九江大败湘军水师，重克武汉三镇。石达开、胡以晃率众南下江西，围困曾国藩于南昌，攻克江西8府50余县。咸丰六年初，石达开回援天京，湘军攻陷了一些太平军的占领区。七月，石达开重回西线，进攻武昌。

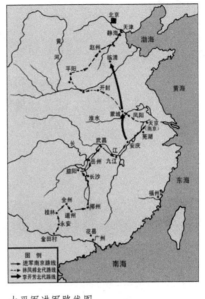

太平军进军路线图

太平军长达3年的西征辉煌胜利，取得安徽、江西、湖北东部的大部分地区，控制了长江中游的安庆、九江、武昌三大重镇，为屏障天京奠定了基础。

上海小刀会起义

咸丰三年（1853），刘丽川等在上海领导小刀会起义。

小刀会最初建立于福建厦门，不久传至上海，属天地会的支派。上海小刀会创立于道光二十九年(1849)，首领为刘丽川、周立春等，它和上海城郊的"罗汉党"、"庙帮"、"塘桥帮"有联系。太平军攻克南京、扬州时，上海各种秘密团体积极筹划起义。

咸丰三年七月，徐耀领导千余农民在嘉定起义；刘丽川也率众在上海起义，杀死知县袁祖德、活捉苏松太道吴健彰。刘丽川在上海建立"大明国"，后改名"太平天国"，上书洪秀全，表示愿意接受太平天国的领导。小刀会纪律严明，相继攻占宝山、南汇、川沙、青浦，并计划与苏州小刀会起义军配合，夺取苏州。小刀会占领上海，使清廷大为惊恐，急从围攻天京的"江南大营"

抽调部队，派江苏巡抚许乃钊赶赴上海镇压。由于众寡悬殊，八月，清军攻入嘉定，周立春被俘遇害。小刀会只好从进攻转入防御。

咸丰四年十月，英法美与清军勾结，以保护侨民为由，在租界与上海县城间加紧筑围墙，断绝起义军与外界联系的唯一通道。十二月，城内粮绝，起义军民以草根充饥，清军攻势更加猛烈。小刀会只得于咸丰五年正月初一分路突围，刘丽川等在激战中阵亡。潘启亮突围后，率余部加入太平军。上海小刀会起义失败。

英法美谋求修约

咸丰四年（1854），英、法、美为了扩大它们在华既得的权益而向清政府提出修改条约的要求。

道光二十四年(1844)订立的中美《望厦条约》规定："两国各宜遵守，不得轻有更改……俟十二年后，两国派员公平酌办。"根据这一规定，英、美、法认为有权在咸丰六年（1856）按照他们的需要提出修改第一次鸦片战争中签订的《南京条约》的要求。

英国政府首先提出修改条约的条件，主要有：中国全境开放通商；实行鸦片贸易合法化；废除进出口货物子口税等等。

同治二年（1863）由上海英美租界合并成的"公共租界"

咸丰四年（1854）四月，英国驻华公使包令和美国驻华公使麦莲、法国公使布尔布隆向两广总督叶名琛提出修约要求，结果碰了一颗软钉子。后来，包令与麦莲又去上海活动两江总督怡良和江苏巡抚吉尔杭阿，又碰壁而归。于是，英、美公使乘兵船至大沽口，扬言要见皇帝和大学士，要求到天津修约。侵略者的蛮横要求当然遭到清政府的拒绝。

咸丰六年 (1856)，美、英、法三国又提出修约要求，活动最积极的是美国新任驻华公使伯驾。伯驾先活动广州叶名琛，后让闽浙总督向皇帝递交美国总统的信函，都遭拒绝。于是，他去上海利用买办官僚吴健彰说项，企图对清廷施加压力，最后也遭到清政府的拒绝。

美、英、法谋求修约失败，成为导致第二次鸦片战争的重要原因。

广东天地会起义

在广东省，天地会的秘密组织向来在下层社会中很流行。太平天国定都南京后的第二年，顺德人何禄奉洪秀全之命回广东东莞一带，联络当地天地会会员于咸丰四年（1854）五月发动起义。

东莞天地会起义后，广东各地农民纷纷响应。东江一带东莞、惠州、增城、博罗天地会起义军均接受何禄领导。何禄于是率队伍围攻省城广州。同年六月，广东天地会另两位首领陈开、李文茂在广东南海县佛山镇率天地会会众起义，建号"大宁国"，占据佛山。六月十九日，佛山起义军也参加攻广州城的战斗。

拒守广州城的是两广总督叶名琛，他先后从东莞、香山、新会、潮汕等地调练勇数万人到广州协助守城，又倚仗英、美、法等国船只运送援兵、粮食、武器等入广州城。起义军大多是农民、渔民，因缺乏经验，围攻广州达 5 个月之久，未能攻克。十一月份，被迫撤退。何禄领导的东莞起义军退入湖南，以郴州为基地抗击清军，咸丰六年为湖南巡抚骆秉章部击败，何禄被捕遇害。陈开、李文茂领导的佛山起义军退入广西，以浔州为基地，建立"大成国"；咸丰十一年，为广西按察使蒋益澧所败。

清政府开征厘金税

咸丰四年（1854），清政府开始试征厘金税。

咸丰三年 (1853)，清军扬州帮办军务的雷以诚在仙女庙、邵伯、宜陵等镇力劝当地米行捐钱助饷，以镇压太平天国起义军。因所捐数额为货物从价

THE CHINESE CIVILIZATION

的 1%，称为厘金。

在此之前，清政府的税收主要由直接税田赋和间接税盐税、常关税等构成。清政府为扩大税收，1854 年颁旨在江苏、湖南、湖北、四川等省试征厘金税，1858 年向推行全国。

厘金种类主要有百货厘、盐厘、洋药（鸦片）厘、土药厘等。征收方式各地不一，而大都名目苛细，重复征收，税率也不再限于一厘，至光绪年间，多已超过 5%，成为仅次于田赋的全国第二大税。

厘金税只针对国内中小商户和平民百姓，而对进口洋货，则依据 1858 年的《中英天津条约》和《中法天津条约》，只在通商口岸征收 2.5% 的子口税，就可在全国通行无阻。征收厘金税的地方官吏大都巧立名目，刁难苛索，贪污中饱，商民畏之如虎，视为公害。

王筠普及文字学

咸丰四年（1854），文字学家王筠去世。

王筠（1784 ~ 1854），字贯山，号菉友，山东安邱人，道光举人。王筠为"说文四大家"之一，著有《说文释例》、《说文句读》、《文字蒙求》、《教童子法》等著作。

清代蒙学，在文字训诂特别是说文学研究日渐深化的情况下，出现了专门研究识字教学的教学法理论专著。文字学家王筠的《文字蒙求》、《教童子法》将文字结构的原理和儿童思维的特点结合起来，阐述蒙学识字教学的规律和方法，将传统的死记硬背、日识数字、日积月累的识字教学法推向一个新的高度。

王筠认识到在童蒙识字教学中，既要应用汉字"观物取象"的造字原理，又要兼顾儿童形象思维能力较强的特点；既要顾及儿童耐性较差、注意力不易集中以及接受能力有限等特性，又要设法提高教学质量和效率。他总结出识字教学中应遵循的三原则：文字与实物相结合、相对照的原则；由简到繁、由易到难的原则；言入于耳的原则。他强调童蒙教学中的趣味性因素，如指出讲课时"不必尽说正文"，要适当插些有趣的话等。这些教学法的探索，有助于提高童蒙识字教学的质量。

142

他认为儿童识字困难的主要原因在于不能分字，即不能把握六书、四体的基本原理。为此，他精选2000多个汉字，分别归入象形、会意、指事、形声四大类别，每一类又分为若干正例和若干变例。这样使一般儿童能在此中体会到四体变化相关的原理，然后以此为纲，提纲挈领，就能很快掌握《说文》的9000多字。另外，他又为初学《说文》者编撰《说文句读》，还在《说文释例》中为学习者指示门径。

王筠在汉字识字教学理论研究中的许多开创之功，为后学者铭记并广泛取鉴。

大清国书

湘乡派出现·桐城派古文中兴

道光、咸丰年间，以曾国藩为主要代表的"湘乡派"把桐城派古文推向"中兴"。

清代后期，在传统文坛上，桐城文派仍居正宗地位。伴随着近代进步潮流的出现，以梅曾亮、曾国藩、吴敏树为代表，致力于把桐城文派推向中兴局面。梅曾亮（1786～1856），江苏上元（今南京）人，师从姚鼐，在京城居住，其文名颇盛，许多治古文者向他请教义法，颇有继主文坛之势。他在文学上下功夫，不为浮词剩语，宽博朴雅，达到清淡简朴的风格。他曾批评骈体文矫揉造作，但对散文的见解，只吸收非桐城派的一些长处，基本未跳出桐城派圈子。曾国藩（1811～1872），湖南湘乡人，道光年间进士，官至内阁学士、礼部侍郎等。在京师时，他治义理之学，兼为词章、考据，往来于梅曾亮之门近10年。初学桐城派古文，推崇姚鼐，认为姚鼐持论阔通，其文章等受姚影响很大。曾国藩身居高位时，幕府人才甚众，其为文章领袖，又宣扬桐城派古文，叙述桐城派的源流和众多作者，还历称各地的桐城派古文家，"其说一出，有违之者，俱为非圣无法"，一时声势颇大。以他为中心，以其门生幕僚为声势，桐城派古文形成一个"中兴"的局面。曾国藩的

143

目的是借鼓吹桐城派以自立门户而为古文宗主。在古文理论上，他于桐城派主张的义理、考据、词章之外，补充并强调了"经济"的重要。他编《经史百家杂钞》，弥补了姚鼐《古文辞类纂》的缺陷，扩大了桐城派学习的源流。他为文务闳丽，与桐城派清淡简朴的文风大不相同；为文少禁忌，奇偶并用，使古文雄厚而又舒展，有内容又有气势，自行形成了实际上的"湘乡派"。

吴敏树（1805～1873），湖南巴陵（今岳阳）人，是曾国藩的幕僚宾客，他既不承认自己是曾国藩所说的桐城派古文作家，也不承认曾国藩是桐城派。他实际上并未远离桐城派，为文亦求独创，长于叙事、传人记游，常有寄托。桐城派古文的中兴，从一定程度上推动了桐城文派的发展，提高了桐城文派在传统文坛的地位。

威妥玛入主上海海关

咸丰四年（1854），英国人威妥玛执掌了上海海关大权。

咸丰三年（1853）八月，上海小刀会起义，清政府在上海租界内设立的海关立即被群众捣毁，上海道兼上海海关监督吴健彰也为小刀会俘获。以美、英、法为首的外国侵略者借口代征税金，派人劫回了吴健彰并乘机夺取上海海关管理权。

次年，吴健彰与英、法、美三国领事商定《上海海关章程》。根据这一协定，六月十八日，由英、法、美三国领事分别推举英国人威妥玛、法国人斯密司和美国人卡尔为委员，正式成立"上海海关税务管理委员会"，由威妥玛总负责。

咸丰八年威妥玛去职，次年由曾任英国驻上海领事馆职员的李泰国任总税务司，并授权他"选募"其他各口所用的外国人，确立了英国人在中国海关的统治地位。从此，中国海关失去自主权。

湘军体系形成

咸丰四年(1854)正月，曾国藩开始筹练湘军。

作为清统治者主要武装力量的八旗、绿营在承平日久的晚清时期已经衰朽不堪，无力战守。鸦片战争的惨败，使清军建设面临着严峻的挑战；太平天国革命的有力打击，使清朝的军事制度走向崩溃的边缘。在与起义军作战时，清廷总是匆匆调集各省绿营出战，却屡战屡败，不堪一击。这极大地警醒了统治集团，遂命令各省大规模举办团练。1853 年，丁忧在家的礼部侍郎曾国藩奉命办理湖南团练。他总结了绿营旧制的弊端后，着手创建湘军。

湘军的基本建军方针是以书生领导乡民。曾国藩在湖南极力网罗了一批具有忠义血性，并有家族关系、师生之谊的中下层知识分子为将领。

曾国藩像

为克服绿营世兵制的缺陷，实行募兵制。其募兵程序十分严格，是其成功的一个重要因素。曾国藩最初挑选出几位统领，命令其各自招募若干营。统领挑选分统，分统挑选营官，营官挑哨官，哨官挑什长和勇丁。必须层层亲自选拔，绝不允许假别人之手或越级选拔。如果更换统领、分统、营官，其所管辖的部队必须解散，由新官按规定程序重新招募新兵。对于兵丁有几个基本条件，首先必须有籍可查，是土著农民，由邻里具结取保，严防游民参入；第二须是朴实土气、年轻力壮的山民，油头滑脑的市井人员一概不收；如果在军营中沾染了坏习气，马上淘汰更换，以保持军队的锐气。

湘军实行厚饷制度，其士兵的粮饷银比普通绿营兵相应地高 2～4 倍，这种明显的优越促使乡民踊跃应征，减少了后顾之忧，使其安心军营。和其募兵制相结合，勇丁感激军官的挑选之恩，有利于团结一心，患难与共，极大地提高了军队的战斗力。

1854 年，曾国藩用这种募兵方式，编成陆师 15 营，水师 10 营，官兵合计 1.7 万人，开始与太平军作战。后在战争中湘军不断扩编，1864 年进攻天京时，其嫡系就达 12 万人；加上左宗棠等所率湘军别支，累计达 30 万人。1859 年后，又组建了马队。原先在营以上无正式建制，后来营数增，1860 年后在统帅之下设统领和分统。湘军统帅统辖全军，统帅部设有参谋战事、发号施令和执行军法的营务处。从总体上看其编制层次少，机构完善，人员、装备保持满额，便于指挥，利于作战。

由于湘军的粮饷开支很大，且必须由其统帅自己筹措，曾国藩在湘军中建立了一套特殊的后勤制度，不受中央户部、兵部和地方长官的牵制，自成体系，把军权、财权乃至地方行政权集于其统帅一身。

湘军注重训练。曾国藩将"训"和"练"分成不同的部分，训是向士兵灌输忠君思想，培养纪律意识及知恩图报的奴化精神。"练"是军事技能操练，沿袭并发展了明代戚继光的战术，并在实际作战中有所演变。重视"穴地攻城法"和城垒防御战术。"结硬寨，打呆仗"是曾国藩对其一生用兵的总结。在阵式上注重发挥各种兵器的优长，使其互相配合。

曾国藩建立的湘军勇营制度这一兵制体系，是中国古典式兵制及各方面的一次发展。湘军在编制、兵役、粮饷、后勤、作战与训练等各方面相互关联，构成了一个整体，提高了军队的整体素质和作战能力，在镇压太平天国农民军时显示了其威力，从而使清军的体制开始转变，影响直接而深远。

然而，与募兵制相适应的紧密的人身依附关系，开创了后来"兵为将有"的先例；湘军统帅集兵、财及地方行政权于一身，使地方长官的势力大为增强，中央集权严重削弱，违背了近代国家化军队的建军原则，成为日后军阀横行的祸根，亦在一定程度上阻碍着中华军事文明在近代的发展。

太平军达到顶峰

太平军在数年与清军作战的过程中使自己发展到旧式农民武装的顶峰。

太平军官兵信仰拜上帝教，将中国古代农民平均主义和西方基督教教义中的平等思想融合起来，成为其指导思想和建设军队的强大感召力。咸丰三年(1853)攻占天京时，全军发展到数十万人，作战人员有 10 ~ 15 万人，最盛时号称百万。

太平军建制仿《周礼》夏官的体制，分伍、两、卒、旅、师、军六级。军是主要建制单位，每军有军官 1316 人，伍长、士兵 12500 人，共计 13816 人。1853 年共 106 军，其中 95 军为陆营，另有水营、土营和骑兵。1852 年 8

月在湖南道洲、桂阳、郴州等地招募了几千名挖煤工人，编为 2 个军的土营，成为中国近代最早出现的独立的工兵兵种。在攻坚战中，从事"穴地攻城"，建立了奇功。水营建于 1852 年冬，共 9 个军，在进攻武昌、南京及与湘军水师的战斗中都有突出的表现，并长期担负运输任务。

太平军组织严密，纪律严明，军令从初起兵时的 5 条发展到 62 条，并于 1852 年刊刻《太平条规》，包括"定营规条十要"的军事纪律和"行营规矩十令"的群众纪律。在起义前期，太平军认真执行这些纪律，管理井然有序，深受群众爱戴和欢迎。其装备以刀矛弓箭等冷兵器及鸟枪、抬枪等旧式火器为主，后来以战斗中缴获的洋枪洋炮装备部队，并重视火炮的制造和使用。水营船只多为民船，大小不等，制式不一，没有区别运输船和作战船只，其作战能力十分有限。其后勤供给实行"圣库"制度，实行"人人不受私"、"有田同耕，有饭同食，有衣同穿，有钱同使"的平均主义。他们重视军队的教育和训练，官兵每天早晚都须敬拜上帝，每个礼拜都举行宗教仪式。有重大军事行动前，都必须以讲道理的形式进行宣传教育和战前动员，分析形势，明确作战目的、任务和部署。这些教育和训练提高了士兵的军事和思想素质，强化了作战能力。

太平军还建立了以洪秀全为最高统帅，由中、前、后、右、左五军主将和正、又正、副、又副四等军师组成的统率核心。1851 年永安封王后，东王杨秀清成为全军的实际统帅，统制西、南、北、翼各王。冯云山、萧朝贵的战死，更加强了其权力，而削弱了指挥中枢的作用，埋下了起义军失败的祸根。

这支农民起义军在前后 10 多年的战争中，转战 18 个省，攻克城市 500 多座，与其组织严密、纲领明确、作战水平高超是分不开的。它的辉煌战绩标志着中国旧式农民武装发展的顶峰，并且还具有了一些近代军队的特征，在军事上、政治上以及其他各个方面，都是对清朝统治集团的极沉重的打击。太平军在农民武装斗争史上写下了灿烂的篇章。

湖口九江之战

咸丰四年（1854）五月，太平军因在湘潭战败撤出湖南。十月，田家镇

江西湖口是古代江防要塞，太平军石达开部曾在此大破湘军水师。

一战又败，接连受挫。曾国藩所部湘军随后进犯江西九江、湖口。

十一月，在危急关头，石达开自安庆来援，以林启容所部继续守卫九江，罗大纲率兵扼守湖口西岸，石达开亲自领军守御东岸县城，坚壁高垒，严密防守，每夜派小船下放纵火，又不断施发火箭火毯，惊扰湘军水师。同时故意撤出湖口守兵，诱敌深入。十一月十二日，湘军水师肖捷三等轻舟快船 120 余艘冲入鄱阳湖内，石达开、罗大纲立即堵塞湖口水卡，断其出路，把湘军水师肢解成外江、内湖两部分。当晚三更，石达开派小船袭击敌人留在江面上的大船，两岸太平军施放火箭、喷筒，烧毁敌船 40 多艘，其余敌船退往九江。

十二月十五日深夜，石达开、林启容自九江，罗大纲自小池口，以轻舟小船 100 多号，突袭湘军外江水师，竟获得曾国藩的座船，其中的文卷册牍尽为太平军所得，曾国藩本人也惊骇异常，投水寻死，幸被小舟捞起，仓皇逃往南昌。湖口、九江之战，湘军水师损失殆尽，辎重丧失，不复成军。此役扭转了太平军西征败局，并为乘胜反攻、三克武昌创造了条件。

太平军击破江南江北大营

太平军占领南京后，清政府以钦差大臣向荣率清军 17000 余人到达南京城东孝陵卫，成立"江南大营"。另一钦差大臣琦善率直隶、陕西、黑龙江马步各军约万人至扬州，成立"江北大营"。江南、江北大营直接威胁着天京。

为了打破清军的包围，太平天国在杨秀清的指挥下在天京外围组织了一场激烈的破围战。镇江是天京下游的屏障，咸丰五年（1855），清军围困镇江，吴如孝坚守待援。城内兵弱粮少，情况十分紧迫。咸丰六年二月，燕王秦日纲奉命赴援，连破清营，逼近镇江。部将陈玉成驾一小舟，机智地穿过敌船的层层封锁，进入镇江城内，与守军取得联系。四月，吴如孝与秦日纲内外夹击，大败清军。太平军随即乘胜自金山渡江，大败江北大营统帅托明阿军，连克扬州、浦口，江北大营 120 余座纷纷溃散。六月，太平军回师镇江，大破清营七八十座，江苏巡抚吉尔杭阿自杀。太平军又乘胜进攻江南大营。六月二十日清晨，各路太平军全面出击，直赴清军营垒。天京城内的太平军由各门出击，鏖战终日，打得向荣狼狈逃窜。入夜，清军各营起火，江南大营被攻破，向荣率残部逃到丹阳毙命。太平军击溃江北、江南大营，解除了威胁天京 3 年之久的军事压力，取得了又一辉煌胜利。

太平天国内讧

　　定都天京后，太平天国的领袖们生活上日益走向奢侈腐化。洪秀全僻处深宫，足不出户，广置民间秀女，用心于宗教神学的著述。杨秀清随着权势的上升飞扬跋扈，甚至还因事要杖责洪秀全。咸丰六年（1856），清军江北、江南大营被击破后，杨秀清竟然逼天王亲到东王府封其为万岁。洪秀全一面答应其要求，一面密令北王韦昌辉和翼王石达开回京商议。

　　北王韦昌辉对杨秀清长期怀有不满，一接密令，便马上率军回天京，于八月三日深夜包围东王府，次晨将杨秀清及其眷属家兵部属两万多人尽数杀死，在天京造成恐怖局面。八月中旬，石达开从湖北赶回天京，斥责韦昌辉杀人太多，韦昌辉又企图杀死石达开，石达开只身连夜缒城逃往安庆，一家老小全部被韦昌辉杀死。韦昌辉还想趁机谋害天王洪秀全。韦昌辉的滥杀，激起天京太平军将士的愤怒，洪秀全接受将士们的请求，于十月杀死韦昌辉及其心腹 200 多人。

　　十月底，石达开回天京，受命提理政务。但杨韦事件后，洪秀全对石也不放心，于是封他的长兄洪仁发为安王、次兄洪仁达为福王，以牵制石达开。咸丰七年五月，石达开愤而离京出走，带走数万太平军将士单独作战。

　　天京事变，破坏了太平天国的内部团结，削弱了军队战斗力，给太平天国事业带来了不可弥补的损失。

THE **CHINESE** CIVILIZATION

各地起义风起云涌

太平天国革命爆发后，各地起义风起云涌。除上海的小刀会、淮北的捻军、广东广西湖南的天地会外，还有其它一些比较著名的起义。

福建的小刀会、红钱会。咸丰三年（1853），以黄德美为首的小刀会（又名双刀会）发动起义，占领了厦门；以林俊为首的红钱会也发动起义，在闽中山区与官军作战。咸丰八年（1858），两会先后为当地团练镇压。

山东的白莲教。咸丰十一年（1861），山东白莲教首领张善继和杨泰分别率众起义，但互不联合，都自称皇帝，很快为地方官军分别镇压。另一支由宋景诗率领的白莲教起义军后来会合到捻军里面。

贵州苗民起义。咸丰五年（1855），贵州苗民在张秀眉带领下发动起义，起义军陆续攻下黔东南台拱、清江、铜仁、思州等地。咸丰七年，石阡荆竹园的汉人刘义顺、胡二黑以及黔西威宁地区的陶新春、陶三春也相继率众起义响应张秀眉。太平天国失败后，清军入黔，苗民奋起反抗，清军付出了沉重的代价才将起义镇压下去。

云南回民起义。咸丰六年（1856），云南回民在杜文秀领导下以楚雄为中心发动起义。八月，起义军攻克大理，建立政权，杜文秀任"总统兵马大元帅"，提出"回汉一心、共雪国耻"的口号。次年，围攻昆明，另一回民起义首领马如龙率众投降清军，使起义军遭致失败。同治十一年（1872），清军攻破大理，起义失败。

湖北武当山展旗峰下紫霄宫

云南彝族人民大起义。咸丰六年（1856），云南彝族人民在李文学领导下在澜沧江以东的哀牢山地区起义。他们在哀牢山区建立政权，推李文学为"彝家兵马大元帅"，提出"铲尽满清赃官，杀绝汉家庄主"的口号，联合当地汉、白、回、苗等族群众共同抗击清军。同治十一年（1872），李文学率军三千前往大理救援杜文秀部回民军，兵败被杀。

英国挑起亚罗号事件

咸丰六年（1856），克里米亚战争结束，英、法、美三国第二次提出"修约"要求，再次遭到清政府的拒绝。于是，英、法等国寻找借口，借机挑起战争。

亚罗号船

同年九月初十日，广东水师在停泊于黄埔港的一只中国商船亚罗号上，逮捕了两名中国海盗和10名有海盗嫌疑的水手。过去，此船为走私方便，曾向香港当局领过通航证。但在被查捕时，此证早已过期，船上亦不再悬挂英国国旗。这本是中国的内政，英人无权过问。英国公使包令也承认，对这艘船在法律上不能予以保护。但是，英国政府给他的指示是：决不让步，决不放过一件小事。于是，包令派英驻广州代理领事巴夏礼致函两广总督叶名琛，要求广州当局释放人犯，并捏造捕人时扯落英国国旗，要求为此向英方赔礼道歉。

当时船上并未悬挂英国国旗，叶名琛据实复函说明情况。但包令和巴夏礼蓄意制造事端，于九月二十三日向叶名琛发出最后通牒。叶名琛屈服于英方压力，向英方妥协退让，将获犯送交巴夏礼。英方本意原在挑衅，因而拒绝接受人犯，英舰即于二十五日悍然开进内河，点燃了第二次鸦片战争的战火。

李涵虚著《道窍谈》

咸丰六年（1856），内丹功法西派创始人李涵虚去世。

晚清，道教全真教的教团领袖已经完全世俗化，对宗教事业没有建树。

但全真教内丹学出现了几位功底较深的道士,对后世产生了一定影响。著有《道窍谈》一书的李涵虚就是其中之一。

李涵虚（1806～1856），四川乐山人，后来因为崇拜内丹东派陆潜虚（陆西星）而改名为西月，字涵虚，号长乙山人，又称圆峤外史。他是孙教鸾再传弟子，孙真人有《金丹真传》，其功法类似东派陆潜虚。李涵虚在师承之外又受张三丰丹法影响，所创丹法独树一帜。他一生著述颇丰，可分为两类，一是注释编订类，如《太上十三经注解》、《大洞老仙经发明》、《〈无根树道情词〉二注》、改编《三丰全集》等；一是论著类，有《后天串述》、《九层炼心》、《道窍谈》、《圆峤内篇》等等。

《道窍谈》一书最能表现李涵虚所创西派的特色，书中着重于成人修道，论述开关展窍应自然而然，论述制药须取外药以合内药。该书有许多创新，例如，将传统练功中的筑基、炼己两步，分作开关、筑基、得药、炼己四步，开关为练功的起步，得药则协助功法顺利进行。他还将前人所说的"炼精化气、炼气化神、炼神还虚"，改造成炼精、炼气、炼神了性、炼神了命、炼神还虚五关。他将传统功法中所说的"河车"析为三件：第一件运气，是小周天子午运火；第二件运精，是玉液河车运水温养；第三件精气兼运，是大周天运先天金汞，七返还丹，九还大丹。此说很有新意。李涵虚还把道教中的绝密之诀——"两孔穴法"展示给世人，认为一穴有两孔，中间空，两端对外开窍，因此称为"两孔穴"，这就是师徒密传中"口对口、窍对窍"的方式，是任督交合之地、阴阳交会之所、乌兔往来之乡。他论"玄关"也有独到之处，认为玄关是体内神气相交而形成的灵光，并不位于五脏六腑内。他还主张仙佛同修，因为二者都不离性命之道，皆为道脉。

《道窍谈》所论十分精妙，展示了内丹西派的诸多独到之处，当时西派弟子众多，著名的有江西周道昌、福建李道山等。近代道教学者陈撄宁给予《道窍谈》很高评价。